U0077090

產業隊長張捷教你
從亮點產業
挑 高成長強勢股

張　捷◎著

目錄 contents

Chapter 2 奠定堅實基礎

Chapter 5 精挑中線飆股

Chapter 6 提高致勝機率

推薦序 一起底部起漲！

台股熱絡，近來各大券商開戶開到手軟，許多從未受過投資相關教育訓練，或者是經驗不足的投資新鮮人，正準備在投資市場中，做出將改變一生的決定。到底是高檔融資重壓，再質押梭哈？還是按部就班從 ETF 取得穩健報酬後，再逐步邁入產業？這些決定往往好壞參半。

大俠常說：「市場永遠都在，千萬別急。愈是著急，你的錢就愈有可能提早離去到別人口袋裡。」

在大俠的投資組合裡頭，可以看到長線持有以及短線調節的產業類股，有些產業類股持有多年從不調節，也有些產業類股布局個半年左右，就將資本利得抽回。若你問大俠是如何決議哪些產業類股該留？哪些產業類股該調節？大俠總是回答，關鍵在於公司的基本面是否能配得上股價？

要是基本面配得上股價，就等領股息後，再拿這筆錢去買同一檔產業類股，讓基礎股數累積成長。在公司獲利不斷成長下，不隨意進出，更能讓投資人享受完整的「價差＋股息」雙收雙贏。要是公司的基本面配不上股價？那就找下一檔潛在價值更高的產業類股，將資本利得抽回進行轉換。所以基本面的判讀，以及對於產業的敏銳，是何其重要！但是這兩項能力並非一朝一夕之功，得花數十年以上的基本功累積才行。

因為有著經驗的差異，所以對於許多股市新手來說，才難以了解「長期投資某家公司」和「短線交易某公司股票」之間的差異。大俠建議，如果你是剛進入投資市場的理財小白，可先抓出含息報酬強勁，且不輸給同期大盤的ETF來妥善投資。經過一段時機累積出經驗以及報酬之後，再逐漸開啟產業投資之路。

至於到底該買哪些優質產業類股？手上持有的產業類股價格已經高漲了，該如何做調節？該如何從法說會、財報以及公司公開發言中判讀出有用的資訊？大俠認為，請保持閱讀習慣，並學習歸納以及驗證，相信在這些習慣的累積下，你將具有足夠經驗去判斷，哪些訊息該注意？又有哪些是無效資訊？

若你能愈早累積出良好習慣，就愈能及早在投資得到豐碩的成果。因為根據 72 法則，在 5% 複利效應下，也許需要 14 年左右的時間，資產才有機會翻倍，但是加上經驗的累積，也許只要 5 年、3 年，甚至半年不到的時間，資產就有機會翻倍。而經驗累積，最便捷的方式，就是借用他人的智慧。

建議讀者有機會可多讀張捷系列書籍，從書中獲取對自己有用的邏輯知識，消化後審思，將會對你的投資人生帶來莫大助益。像是張捷最新出版的這本指南書《產業隊長張捷教你　從亮點產業挑高成長強勢股》，內容極精確又具深度，對於想要開始踏入產業投資的進階讀者而言，不僅別具意義，也能降低與強勢績優股失之交臂的機率。

相信各位讀者在閱讀完這本書後，能夠跟著產業隊長張捷一起，底部起漲！

大俠武林

推薦序

走在正確的路上

我跟張捷已是舊識，他有個封號「產業隊長」，這是因為他對產業的研究，長期不懈，總能領趨勢之先。至少以我認識他的這些年，看著他努力研究、追新資訊，真的是下了苦功。股市老手應該知道，資訊的含金量，決定你荷包厚度。在投資成敗的影響因素當中，有用資訊占了舉足輕重的關鍵角色。

但什麼是有用資訊？在股市裡，這個定義要更為嚴格，因為股市是真金白銀、真刀真槍實戰的地方。你的對手，包括有錢實戶、大型法人，他們可能在公司裡面養了幾十、上百人的研究團隊，實力自然不容小覷。所以，股市反映資訊的速度很快，很多資訊，當散戶拿到，就已經是過時訊息，甚至變成無足輕重的雜訊了。你可能因此沮喪：我們怎麼可能打贏法人呢？其實也不用妄自菲薄，因為法人是大象，有他的優勢；你是靈巧的燕子，也有自己的優點。大象陣有它的碾壓制勝之道，小燕子也有自己靈活取利絕活。在這本書當中，產業隊長不藏私地把他的絕活都提供給讀者，從正確觀念的建立，到如何蒐集關鍵資訊加以運用，都有他長期的心得。

以建立正確觀念來說，不要把投資當賭博，也不要把股票當彩券。賭場相對於賭客有淨贏率，彩券的發行者，也是唯一一定賺的人。賭場經營人跟彩券發行者，是透過大量數據設計出對它長期有利的模型，而賭客或彩券購買者，偶爾可以靠運氣賺到錢，但長期一定是輸家。因此學習蒐集數據、分析資料，進而形成對投資實戰有用的資訊，才能做到長期在股市裡穩健獲利。好運可以讓你偶爾賺到錢，但學習與累積才可讓你一直賺到錢。不過根據我的經驗，不是每個認真的散戶都賺錢，甚至有些很認真的散戶，長期下來，努力很多卻利潤不大。投資成功要持續學習，但學錯方向也可能是事倍功半。

張捷《產業隊長張捷教你　從亮點產業挑高成長強勢股》這本新書，一如他之前所出版的兩本書，都給讀者指引一條正確方向，你可能走得慢些，也可能走得較快，但都會抵達終點。至於走錯方向的人，就只能自求多福了。我相信看完這本書，你就會走在正確的路上。特別向讀者推薦此書。

林正峰

推薦序 從霧裡看花到慧眼獨具

許多股市的投資朋友，努力不懈博覽理財群書，甚至廣泛學習基本分析與技術分析，但都無法讓資產持續有效的複利成長。

其實「眼光精準」才是投資成功的關鍵。如何培養自己從「霧裡看花」到具有「慧眼」？正所謂「見山是山，見水是水；見山不是山，見水不是水；依然見山是山，見水是水」智慧形成的 3 個境界。

我們需要「化繁為簡的智慧」來成就具有洞見的眼光。運用明智者的觀點來精進自己的智慧，乃學習的捷徑。

近年來由人工智慧（AI）的重大進展，即將促成工業革命等級的生產力大躍進。對企業研發、產銷、管理與財務，重塑執行面的程序與內涵；也對企業競爭及興衰更替，投下重大變數。

這段期間，股市中驚濤駭浪，讓人嘆為觀止！正預告了這一場變革的精彩。行情的發展、股價的變化，過程中雖然詭譎莫測，然而最終的真相只有一個。

產業隊長張捷針對近年來股價大幅上漲的代表性企業，本其堅實的研究素養，及與時俱進、努力不懈所成就的投資智慧，反覆推敲，完整論述。從趨勢、產業、選股，由上而下；企業競爭力及產業地位，由下而上。所提出兼具廣度、深度及系統性的「年度關鍵報告」。

要探究趨勢興起，企業成長之道？就從趨勢之下，企業成就之路研究起。

《產業隊長張捷教你　從亮點產業挑高成長強勢股》本書深入淺出，絕對是本年度不可多得的投資參考書。

推薦序

把握財富重分配的大機會

2024絕對是台股歷史上值得紀念的一年，不斷創新高的數字，人工智慧（AI）新科技的無限想像，ETF狂潮席捲全台……，不一樣的台股，也需要投資人用新思維看待。就像產業隊長張捷提醒的，當台股2萬點成為新常態的時候，你，準備好了嗎？

進擊的台股最大的推動力，當然就是產業趨勢的革命。今年被視為是AI元年，幾乎是再一次的工業革命，帶動的產業連鎖反應無遠弗居，從投資面來看，當然也是資金進駐焦點所在，市場最自然的反應就是，哪裡有題材，哪裡就有籌碼資金進駐，而關鍵就在於，你能不能夠提前掌握市場趨勢脈動，能不能夠了解公司發展的資訊，能不能夠超前部署。

投資最重要的一面就是基本面，產業的專業知識浩瀚無涯，對一般人來說可能如天書一般，這也正是產業隊長張捷最具價值的專業，也是最重要的任務——將複雜的產業趨勢，深入淺出化繁為簡，讓投資人了解產業接下來的變化方向，也幫大家追蹤當中最具亮點，未來獲利情況看好，甚至包括具有轉型潛力的黑馬公司。

台股的未來充滿想像空間，重點就在於台灣產業充滿生命力的蓬勃發展。未來值得投資的好標的很多，就像張捷特別提到的：AI、半導體、電動車、ESG與綠能4大主流產業外，還有其他次產業生技醫療、營建、資安、矽智財（IP）族群……，這裡面有不少好公司，還有具有發展潛力的願景，張捷在《產業隊長張捷教你　從亮點產業挑高成長強勢股》這本書中都會詳細分析。

認識產業隊長張捷好多年了，一直覺得他是一位非常優秀認真負責的專業投資人，我常笑他有一個年輕的肝，所以才可以如拚命三郎一般，整天不是在閱讀報告，就是在拜訪公司，不斷地推敲研究追蹤，產業及公司的變化。這當中要付出的時間和心力，是一般投資人甚至專業的研究員都望塵莫及的。

張捷與我合作的經驗當中，也讓很多同學非常感動，每天從大量報告中整理出的信息量，非常驚人，而且他對於自己追蹤的股票也相當負責，不但洞析產業先機，有任何的變化都會如實跟同學分享。市場不變的就是永遠都在變，重點就是能不能夠掌握關鍵的變化，做出對的決定。洞悉公司及產業的脈動，絕對是在做投資決定時的一大利器。

《產業隊長張捷教你　從亮點產業挑高成長強勢股》這本書還有一個地方非常特別，就是張捷也用了相當的篇幅跟大家介紹，40 年一遇的債券大行情，這個時間點，除了投資股票之外，也絕對是投資債券的好時機！這一點我非常同意張捷的觀點，這是穩中求勝的好方法。也鼓勵大家做好資產配置，在利率相對高點投資債券，平常穩穩地領債息，等到降息號角一響起，就是賺取價差豐收的好時候。

今年又是再一次財富重分配的大機會，對所有投資人來說也是很寶貴的時候，有很多學習的機會，當然也有很多賺錢的機會。開心也感動張捷在百忙之中仍完成了大作，推薦大家好好閱讀這本乾貨滿滿的著作。相信《產業隊長張捷教你　從亮點產業挑高成長強勢股》這本書對所有的投資人，不管是新手還是老手，都大有幫助。跟著高手前進，投資路上肯定事半功倍！

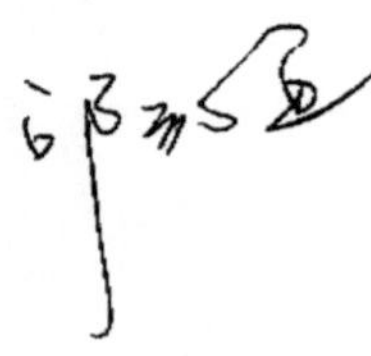

自序 晉升股市贏家的決勝關鍵點

回顧過去 4 年～5 年，台股跌宕起伏，精彩亮麗，驚心動魄，堪稱史詩級。2020 年新冠肺炎（COVID-19）疫情大爆發，美股數度觸發熔斷機制（註 1），美國聯準會（Fed）降息到 0%，台股也從 2020 年 3 月初的 11,000 多點，跌到 8,523 點（2020 年 3 月 19 日最低點，詳見圖 1）。

在此之後，美國開始狂印鈔票，空前絕後的救市手段盡出，開啟了資金狂潮。台股從 2020 年 3 月的 8,523 點一路狂漲，不到 2 年時間已大漲逾萬點，一舉突破多年天險 12,682 點，創下歷史新高，來到 18,619 點（2022 年 1 月 5 日最高點）。此中不僅有著美中貿易戰回流的資金與投資、美中相互制裁等使台股受益，宅商機和缺貨、供應斷鏈的漲價等因素也讓台股因而受惠。

註 1：熔斷機制是指在股票交易時間，當股價波動達到某個規定的幅度時，暫停交易的機制。

圖1　過去幾年，台股走勢跌宕起伏
——加權指數日線圖

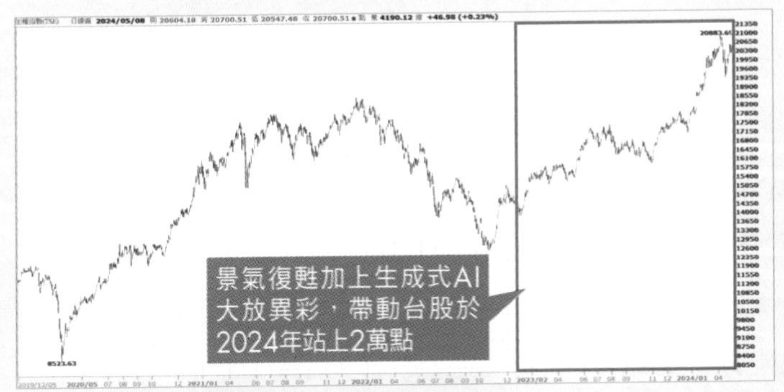

註：資料時間為 2019.12.05～2024.05.08
資料來源：XQ 全球贏家

爾後疫情中復甦的全球股市，面臨高通膨、高庫存，進入產業庫存的調整與升息的壓力。在此情況下，台股也跟著走空近 1 年的時間，從 2022 年 1 月的 18,619 點，下跌到 12,629 點（2022 年 10 月 25 日最低點），慘跌近 6,000 點，終於在 2022 年第 4 季庫存回補，產業進入緩慢的復甦。

2023 年，除了景氣復甦之外，令人興奮的新科技推動，也就是生成式人工智慧（AI）的大放異彩，帶動台股狂飆，從 2023 年 1 月 3 日的最低點 14,001 點，飆升到 2024 年 4 月 10 日的最高點 20,883 點，台股終於站上 2 萬點！隊長認為，這是天時地利人和的新契機。

回顧過去，達康（.com）風潮，奠定了谷歌（Google）、臉書（Facebook）母公司 Meta 等企業的地位；智慧型手機大浪，開啟了蘋果（Apple）王朝，使其市值上衝 2 兆美元；電子商務變革，造就了淘寶、蝦皮、亞馬遜（Amazon）等網購平台的發展；電動車興起，衝出特斯拉（Tesla）、比亞迪等品牌，台灣當然也有許多相關產業供應鏈與隱形冠軍躬逢其盛。

而這一次的 AI 變革，台灣除了有全世界最完整的 AI 伺服器、筆電（NB）和平板電腦，還有半導體的供應鏈，從晶片到主機板、機殼到組裝、關鍵零組件到散熱、電源供應器到銅箔基板（CCL）等等。在此波科技大浪裡，台灣的供應鏈精彩亮麗，不僅不會缺席，而且更顯珍貴！投資人若能掌握這個產業趨勢，就有機會從中獲利。

就隊長操盤多年的經驗來看，在吃人不吐骨頭的證券市場裡，財富的重分配，並非取決於年紀、口袋裡錢的多寡，決勝的關鍵往往是對資訊與知識的理解力，以及對產業脈動與個股的掌握度！

若能充分理解，投資人就不會「捏怕死，放怕飛」。透過對基本面的掌握度，投資人在低檔時就能正確判斷，而且敢大買；拉回時不僅不會怕，還敢加碼；出現震盪也能堅持續抱，直到股價噴出！

財富是對認知的補償，而不是對勤奮的獎賞。試問，哪一個進股市的人，不是懷抱著賺大錢的夢想？但勤奮只是基本功，資訊的落差、認知的差距，才是影響財富重分配最重要的關鍵。

資訊的落差，往往就是績效的落差。贏家長時間接觸、學習所累積的「知識護城河」，並不是一蹴可幾的，若是平時不用功的輸家，遇到新科技，一開始看不見，因為本來就沒有關心總體經濟與產業變化；之後會看不起，覺得這東西沒什麼重要；再來將看不懂，且由於平時不燒香，導致之後需要花更多時間研究；最後往往會因沒跟上行情而來不及！

在「看不見、看不起、看不懂、來不及！」的情況下，輸家的交易行為只有 4 個字，就是「小賺大賠」。股票有參與，但只買一點點，套牢緊張，洗盤慌亂，一個大跌馬上六神無主！好不容易解套，小賺一點點就賣飛！遇到崩盤腳麻，不僅當下沒有決斷，也沒有事先想好退路與交易策略，結果一跌當下不知所措，再跌轉為不甘心，最後被迫安慰自己說是長期投資，也就是俗稱的「長期住套房」！

隊長認為，想要成為贏家，就必須改變交易行為，變成「大賺小賠」。而當中最為關鍵的事情，便是在產業方向的尋找、個股的深入了解後，對「股票合理價值的定錨」。當你學會了錨定產業，了解類股的合理本益比（PE）要調整到多少，懂得計算個股未來的每股稅後盈餘（EPS）後，就能掌握勝利關鍵。畢竟股價說穿了，其實就是「EPS 乘以本益比」，股價要上漲到哪裡，只有「獲利提升」或是「本益比提升」兩個方向可以決定。

隊長希望藉由本書的內容，幫助大家不斷提升自己，累積自己的財務智商、財務資訊力。股市是由無數的資訊跟資金堆積而成的，而股價的飆漲，背後都是由正確的產業決策與趨勢方向，以及成長的獲利跟 EPS 所撐起，因此這些才是投資人最該追尋的源頭！

和勤奮的人一起，不會懶惰！與積極的人同行，不會消沉！透過本書，你就能跟著正統研究員、基金操盤人出身的隊長，一起學習讓績效大成長、大改變、大突破的關鍵方法與概念！

隊長建議，在操作時，投資人可以把資金分成兩部分，一部分追求高成長新科技的高報酬，「看對、壓大、抱長」；另一部分則追求穩定護城河的高息股與複利滾存。此外，投資人在進入股市時，千萬切記：

◆不拉槓桿、專注本業、適度投資！

◆常想退路、嚴控部位、嚴設停損！

◆精選好股、拉回分批、等待良機！

◆全球視野、產業深耕、績優成長！

◆逆轉思維、賺大賠小、贏多輸少！

事前準備周全、遇到挫折時要有逆轉的決心、失敗後能反躬自省、成功時更要謙遜精進，投資、人生皆然！

勇敢的投資自己，透過學習正統的選股邏輯與標準操作流程（SOP），學習贏家的思維與心態，開大門、走大路，讓知識＋時間，化成屬於你的自由。

著名詩人泰戈爾（Rabindranath Tagore）曾說：「你今天受的苦，吃的虧，擔的責，忍的痛，到最後都會變成光，照亮你。」在此敬祝所有讀者，贏在深入，勝在追蹤！

同時，隊長也想在這邊將本書獻給我敬愛的母親、我在天堂的父親與師父、我最愛的老婆與小孩還有家人們！並感謝投資路上給我許多指導的貴人與前輩們！感謝許多學長姊、上市櫃公司經營階層！感謝支持我臉書、YouTube、課程的粉絲們！你們的支持，是我繼續前進很大的力量，謝謝你們！

最後，敬祝大家投資順利、身體健康！

Chapter 1

建立正確觀念

1-1 觀念1》股市不是賭場 投資應克制貪婪之心

龍年（2024 年）台股很精彩，「龍抬頭」行情在人工智慧（AI）群雄帶領下，簡直煞不住車！

還記得 2022 年 1 月 5 日時，台股加權指數在站上 18,619 點後，便一路反轉向下，10 月底來到 12,629 點，之後又一路向上到 2023 年封關當日的 17,930 點，那時萬八近在咫尺。

2023 年，台股加權指數全年上漲約 3,800 點，漲幅約 26.8%，居歷年漲幅第 15 大。相比 2022 年，投資人 2023 年的股市投資報酬率應該很不錯，若以台股上市公司市值全年增加約 12.569 兆元，台灣證交所 2023 年 12 月底累計開戶人數約達 1,251 萬多人計算，平均每位投資人獲利達百萬元之譜。

根據投信提供的資料可看出 2023 年全球各主要股票市場表現，台股封關日寫下年度收盤新高 17,930 點，全年上漲 26.8%，居新興亞股之冠；之後是南韓股市的 19.3% 及印度股市的 18.1%；泰國股市跌 15.67% 為最弱；其次是菲律賓股市跌幅達 2.06%。

從資金流向來看，印度股市成為新興亞股中外資資金淨流入最多的股市，外資 2023 年買超印度達 214.3 億美元，接著是南韓股市 107.1 億美元、台灣股市 69.3 億美元，至於泰國股市則是賣超 55.1 億美元。

到了 2024 年 1 月 25 日，台股加權指數盤中最高飆到 18,014 點，相隔 702 天後，台股加權指數又再度站上萬八大關。在大家開始「居高思危」時，台股在 2024 年農曆年後第 1 天（2024 年 2 月 15 日）隨即上演「飛龍在天」行情，加權指數以大漲 568 點開出，輕鬆突破 18,619 點前高，當天爆出 5,151 億元的大量。

然而故事到此還沒有結束，之後加權指數一路疾漲，光是 2024 年 1 月、2 月就都各有 1,000 餘點的漲勢。到了 3 月 13 日，台股加權指數盤中更是直接衝破 2 萬點（詳見圖 1）！

不少分析師認為，2024 年的台股，2 萬點可能成為「新常態」，加上日股創 34 年來新高、美股 4 大指數（註 1）也不斷創高，似乎都預示著未來行情充滿樂觀。

我不知道未來台股將會如何上演「續集」，但仍抱持著樂觀期待、謹慎面對的操盤心態，持續站在法人選股角度篩選優質股票。畢竟，行情不好依舊有人賺錢，行情大好也有人賠錢，我們能做的是持續觀察大環境、產業趨勢，努力篩選價值型投資標的，提高整體投資勝率。

操作股票最難的是克服心魔

老實說，2023 年我的投資報酬率相當不錯，不過，雖然國內外投資都取得不錯的成績，但我的投資心態卻有些不同了。

也許是因為年齡漸長，加上有愛妻及 2 個可愛的女兒需要照顧，過去我的投資習慣可能偏重在股市，並重壓高報酬或成長型標的，但是高成長也伴隨著股價波動較大，因此雖然整體

註 1：美股 4 大指數分別是：道瓊工業平均指數（Dow Jones Industrial Average）、標普 500 指數（S&P 500）、那斯達克指數（NASDAQ Composite）和費城半導體指數（PHLX Semiconductor Sector）。

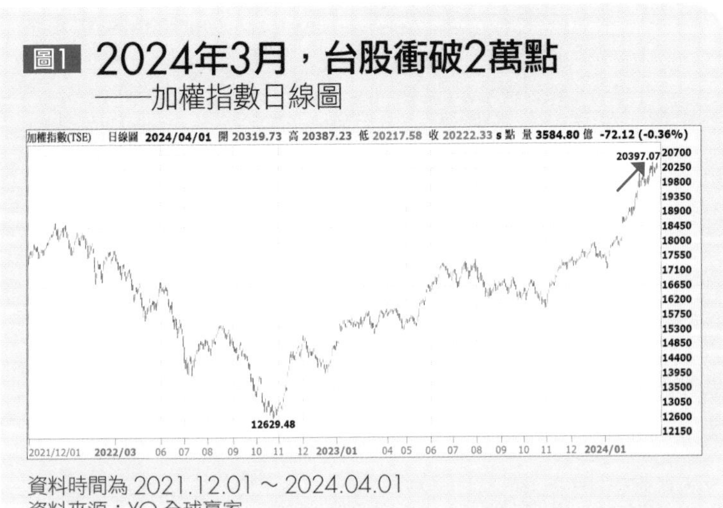

圖1　2024年3月，台股衝破2萬點——加權指數日線圖

資料時間為 2021.12.01 ~ 2024.04.01
資料來源：XQ 全球贏家

投資報酬率仍令人滿意，現在的我卻更傾向於價值型投資，花時間研究大趨勢及產業、公司業績變化，追蹤法人、籌碼動向，從中找到穩健成長或有爆發力的投資標的，接著就是適度的追蹤與等待。

這就好像年輕的時候喜歡開快車、飆速度，憑藉著開車技術還不賴，就敢加速往前衝，雖然總憑著績優股屢屢化險為夷，可是如今回想起來，就連自己也不禁搖頭，心想：「有必要這麼衝嗎？」現在的我較少開快車了，不求速度，但求準時、平安到達。當車上有其他乘客或家人時，更是開得小心謹慎。

其實，如果時間掌控得宜，行程規畫完善，一樣可以享受邊開車邊欣賞沿途風景的樂趣，閒適安逸地抵達目的地。投資也是如此，如果趨勢、產業、選股正確，技術線型或籌碼分析等資訊掌握得宜，看準時間與價格點位進出場，一樣可以優雅獲利，不需要拼速度、趕進度，安穩獲利不見得投資報酬率就會比較低。

心態的不同也讓我逐步調整資產配置，如果過去是將高比率資金投入股市，2023 年起我則開始留意債市、ETF，也打算為自己、家人適度存好股，比如為我的兩個寶貝女兒存股，預存教育基金與嫁妝；為我和妻子的退休生活多存一桶金，甚至將眼光放在房地產投資。

提到「心態」，在股市中累積數十年投資經驗的我，直到現在仍不免感嘆，投資技術與線型不難學，追蹤趨勢、產業或公司也可以靠一步一腳印發掘真相，最難的反而是掌控好自己的一顆心，因為操盤策略與執行紀律都很容易被「心」所左右，生出我常說的「6 大心理盲點」——貪婪、恐懼、盲從、後悔、僥倖、無知。因此，下面我會先分享如何從培養好觀念出發，後文再陸續介紹各種股票操作方式。

其實，操作股票時，「盡力控制好心態」也是自我觀照的一種練習，投資人可以從每一次的投資中一層一層扒出自己的「真面目」。很多投資人少贏多輸不是敗在不用功、不勤勞、不了解趨勢與產業面，而是敗給自己的「心魔」。

接下來我會利用幾個小故事，帶出克服心理盲點或心魔的重要性，並和大家分享我的建議。如果你也在故事主角身上看到自己的身影，或是你正在犯一樣的錯誤，那麼有過則改之，亡羊補牢猶未晚也，希望大家能直面自己的心理盲點或迷思，調整心態與做法，迎接下一個投資機會。

用賭徒思維投資往往十賭九輸

前陣子，我在一場投資分享會上遇見一名投資人，他看起來頗為憂鬱，原來他誤入 LINE 投資詐騙群組，因而損失了數百萬元。

一開始是群組好友噓寒問暖，三不五時分享各種投資報告，然後群組內陸續有人爆出投資獲利的好消息。想要累積更多財富的想法讓這位投資人動了念頭，先砸 20 萬元試水溫，發現真的有獲利後，便砸下數百萬元跟著群組操作，並且下載 App 軟體入金、抽新股，然後，錢就人間蒸發了，群組也立馬隨之消失，到頭來他負債累累，還需要向家人借錢才能度過難關。

從事後論來看，這位投資人是因為「賺錢心切」，受「貪婪」心魔的驅使而誤入陷阱。然而在投資的道路上，即便沒有遇到詐騙集團，很多人也會因為各種心魔或投資習慣而陷入另一種陷阱之中，更糟的是在投資的過程中不斷重蹈覆轍，怎麼樣都醒不過來。

就像我身邊有一位老同學，他是位資深股民，股齡已有 40 餘年，卻犯了「賭徒」常犯的毛病——貪婪。

這位老同學認為，股市就是一個合法「賭場」。他很喜歡這個賭場，一開始他只用存款買股票，等到賺錢之後，覺得世界上有股市真是太好了，他的野心也跟著被愈養愈大。後來他開始借錢、抵押房子買股，幾十年來借過車貸、標會（一種民間傳統的融資方式，由一群人定期繳納一定金額，然後透過投標的方式決定誰可以先拿到這筆錢），甚至跟親友借錢。

在行情大好的時候，這位老同學跟老婆說：「我們來住大房子、開跑車吧！」漸漸地，他變得不想上班，也一直不願意把錢抽離股市，因為想賺更多的錢。即使後來股市下跌，經過大風大浪的他仍認為只是暫時修正，即所謂的「大漲小回」，他很有信心股價之後會再拉回來。

然而天不從人願，股市不但沒有拉回，反而繼續走跌。倘若老同學這時候離場，獲利依然會是正的，只是少賺一些錢。但他一想到過去大賺的榮耀，就無法毅然決然賣股票、斷尾求生，他心想：「大賺都不賣了，只要再忍一下，一定能重返榮耀！小賺也是賺，拼一下。」

後來股市持續下跌，老同學的獲利也從小賺變成損益兩平，但他仍舊堅持繼續等待反彈，甚至寄望政府會護盤。最終，他期盼的結果並未出現，甚至面臨融資遭斷頭追繳，落得跟朋友家人借錢周轉的下場。他只能怪政府不護盤、怪國際股市、怪美國聯準會（Fed）、怪家人、怪風水、怪公司經營階層、怪媒體……。

事隔多年後，這位老同學好不容易平復心情，又重新存到一筆錢，準備東山再起，但他還是沒有學到教訓，又將前面的老路重走了一遍。

其實類似老同學這樣的故事我已看了不少，所以我常跟投資朋友說，投資不是賭博，不能用賭徒的心態面對投資，因為「十賭九輸」。我也常提醒身邊的朋友，沒有必要為了「買股票而買股票」，千萬不要把自己當作賭徒，上桌非要摸兩把，如果看不清楚盤勢變化或沒有找到確定的好標的，空手又何妨？

善用 2 技巧守住獲利

老同學的故事大家一定要謹記在心，貪婪是很難克制的心魔，請控制自己「賺錢想要賺更多」的貪念，以及「賠錢時想要賺回來」的賭徒心態，賺錢要能守住才是重點，賠錢則要想辦法降低風險，所以可以先思考停損點再進場。以下提供 2 個「賺錢守住」的實用小技巧給大家：

①將股利和賺到的價差再投入股市存股或存 ETF

想把雪球滾大，需要不斷累積雪花，而現金股利和賺到的價差就是讓資產變大的雪花。若你持有的是價值型股票，當股價不斷向上攀升時，領到的現金股利和賺到的價差就等於是你多賺到的錢。建議這筆錢不要隨便花掉，而是要持續投入，不管是繼續買同一檔個股或是轉投入其他好標的都行，如此一來，便等於將多賺的錢存了下來。

舉例來說，如果一開始投資 100 萬元在股市，以年均殖利率 5% 計算，第 1 年可以領到 5 萬元現金股利，與原來的資產相加，會變成 105 萬元；依此類推，第 2 年可以領到 5.25 萬元現金股利，累加後資產會變成 110.25 萬元，倘若再加上價差所得，獲利就更可觀了。相信只要持續累積下去，資金就會愈滾愈多，雪球也會愈滾愈大。

②別把所有的錢都放在證券帳戶裡

除了將領到的現金股利和賺到的價差繼續投入股市存股或存 ETF 之外，另一個技巧是，不要把所有的錢都放在證券帳戶裡。當證券帳戶賺到錢時，要記得把錢提領出來，不論是拿去買房、買美元、買日圓，或者買什麼都好，就是要把錢領出來，用別的方式把錢留在你身邊。例如，今年如果在股市裡大賺一波，可以把錢拿出來買房，或是幫孩子存保險、存教育基金等，都是實在的好方法。

當然，也有投資人會希望透過融資融券等開槓桿的方式來加速放大資金，不過，這種槓桿操作其實風險很大，因為對於槓桿來說，當報酬率是 2 倍～ 2.5 倍時，虧損當然也會是 2 倍～ 2.5 倍。

舉例來說，某檔股票股價 100 元，若手邊有 100 萬元資金，在沒有開槓桿的情況下，可以買進現股 10 張；倘若用融資買進，以 2 倍槓桿來算，可以買到 20 張股票。

假設買進後過幾天，股價跌到 50 元，在沒有開槓桿的情況下，10 張現股虧損是 50 萬元，虧損 50%，如果將剩餘股票賣掉，還可以拿回 50 萬元。但如果是使用融資買進呢？因為融資開了 2 倍槓桿，可以買到 20 張股票，所以當股價從 100 元跌到 50 元時，總虧損就是 100 萬元，等於是把所有本金都虧光，一毛錢都不剩！因此，除非帳上股票全部獲利，且對此筆交易掌握度極高、研究很深，否則建議大家沒事最好不要隨便開槓桿，很容易將錢全部輸光，千萬不要讓大賠害自己無法翻身。

1-2 觀念2》帳上數字只是一時的 買股票切忌心被套牢

《伊索寓言》故事裡，有隻狐狸想吃葡萄，但是因為葡萄樹上的葡萄長得太高根本吃不到，所以狐狸安慰自己：其實葡萄是酸的，沒那麼好吃，即使葡萄很甜，牠還是如此自我催眠。這就是心理學所說的「酸葡萄心理」，因為追求某個目標失敗，為了沖淡內心的不安，所以將目標貶低為「不值得」追求，聊以自慰。

《伊索寓言》另有一則「甜檸檬」的故事流傳著：有一隻狐狸在森林中尋找食物，找了許久，只找到一顆檸檬。狐狸不喜歡檸檬酸酸的味道，心裡覺得很失望，但嘴上卻不想承認，於是說：「這個檸檬真是太甜了！這是世界上最美味的檸檬！」簡單來說，「甜檸檬」是與「酸葡萄」心理相對應的一種心理狀態，它是指當你擁有某樣你不喜歡或不想要的東西時，為了避免承認自己的失望，遂在心中抬高這樣東西的價值。

股市就是淬煉人性的戰場，充斥著許多「酸葡萄」與「甜檸檬」。例如很多人沒有買到飆股，或是賣掉股票後看到股價大漲，通常會出現酸葡萄心理，想說：「啊！那是妖股啦！」「這魚尾巴留給別人賺吧！」或自我安慰：「啊！我們本來就無法賣在最高點。」抑或是：「有賺就好啦，應該知足。」內心戲真的很多。

就像 2024 年 2 月，台股從萬八直奔萬九，重電族群因為缺電概念與電費上漲題材漲翻了。有位投資朋友 2023 年底在士電（1503）股價 106 元的時候買進股票，眼看大盤叩關萬九，加上「漲多就是最大的利空」陰影，所以他選擇 150 元出場獲利了結，沒想到隔天士電股價鎖漲停，股價創高還直奔 180 元……。當下他不禁捶胸頓足，怪自己「出場太早」，連續幾天鬱鬱寡歡「心肝疼」。前面提到的各種內心戲也一一在他心裡上演。

雖然就結果來說，這位朋友是賺了錢的，但他表示：「寶寶心裡苦。」更別提 3 月初士電股價逼近 200 元大關時，這位仁兄已經完全不去想之前賺到的利潤，只糾結著自己少賺了多少，無語問蒼天。後來，士電股價飆上 300 元時（詳見圖 1），我知道他還是不敢追高，沒有在當初賣飛士電後勇於再上車。

圖1 重電類股士電漲勢驚人
——士電（1503）日線圖

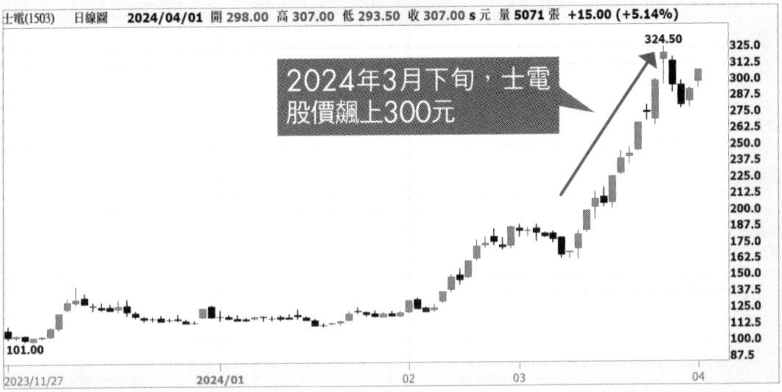

註：資料時間為 2023.11.27 ~ 2024.04.01
資料來源：XQ 全球贏家

後來這位朋友和我說，士電從 106 元抱到 150 元那樣的投資績效已經讓他很滿足了，況且他用那筆賺來的錢犒賞自己出國旅行，還在旅行中認識了不錯的女性朋友，「如果我沒有提早下車，拿這筆錢去旅行，會有這場浪漫的邂逅嗎？」酸檸檬真的變成甜檸檬了。

然而，1 張士電少賺 150 元價差，跟得到一場浪漫的邂逅，兩者相較下，究竟哪個酸？哪個甜？或許也只有他自己心裡明白了。

太在意股價，恐落入手中有股、心中有苦的局面

當手中有股票的時候，多數投資人都會不由自主地陷入無法思考的狀態，買股後期盼著股價上漲，但真如預期向上發展，心裡可能還是痛苦，因為覺得自己買太少或賺太少；而當股價不如預期向下發展，心中自然更痛苦，因為看著帳上的虧損，感覺自己賠太多，輸太慘。

或者像賣飛士電的那位朋友，當他決定停利出場的當下也相當糾結，一方面安慰自己獲利績效很棒了，應該可以出場了，另一方面又擔心現在出場會不會被洗掉，但是不出場萬一股價又回檔了，不是反而少賺了嗎？這些都是「手中有股，心中有苦」的真實寫照。

我也走過同樣的路，所以深有所感。如果你手中有股票，自然會「希望」盤勢一直上揚。是的，「你希望」，這是一種強烈的欲望，它會驅使你朝偏頗的方向去思考，而想法又會影響做法。

就好像一位在醫療業工作的上班族朋友，過去常聽信別人報的明牌或是看報紙資訊做股票，結果都虧損。後來和我聊過之

後才發現，過去自己在投資上的盲點，常常是不夠果決或是不夠用功，於是他開始學習正確的股市操作方法，漸漸地能夠做到大賺小賠，進入一個對的狀態。

其實，在投資或買賣股票的過程中，很多時候結果勝敗無關技術分析，也無關基本分析，而是人性深層的欲望或感覺。欲望或感覺是導致你不夠客觀、不理智、無法思考且無法正確判斷的心魔。

所以我常說，很多投資人買了股票，帳上就算沒有套牢，心也已經套牢了。股票只有 3 種走勢：漲、跌跟盤整。很多人在股票漲時後悔買太少；套牢洗盤時慌慌張張，一旦解套就馬上想賣掉；下跌時更是緊張煩惱睡不好，惶惶不可終日。不管在買進股票後的哪一個階段，總是有無數的煩惱，非常自虐。

不憑感覺做決策，才能賺大賠小、贏多輸少

上漲會緊張、盤整很痛苦、下跌更傷心！那有沒有辦法避免這種狀況呢？我的建議是，增加對總體經濟的敏銳度、拉高對大盤下跌時的危機感，以及最重要的是，提升你對股票與產業的掌握度。

當你知道這家公司下個月、下 1 季的業績，知道產業方向，知道公司的每股稅後盈餘（EPS）與獲利，能夠判斷本益比（PE），知道公司的大戶還在買，法人看法正向，技術線型也比大盤相對強勢……，你還會不安心嗎？不會，因為當你知道的愈多，掌握度愈高，你的心就會愈安定，下跌的時候甚至可以反向加碼，如此，買了股票後心就不容易被套牢。

其實「酸葡萄」和「甜檸檬」都是人類正當的心理防衛機制，酸葡萄心理過了頭，容易嫉妒心太強，總覺得別人的成功、別人的飆股，或是別人的東西都不是努力得來的，恐會影響自己的人際關係。若能適度運用甜檸檬機制，可以增加幸福感、知足感，但是甜檸檬心理過了頭，又容易不思進取。因此，過與不及都不好，建議投資人自我意識不要太強，也不要靠感覺買賣股票，獲勝的時候要保持謙卑，失意的時候也不要自卑，更不要嫉妒。

股票操作亦然，不要總依照「想像」與「希望」做決策，比方「差 5 元就超過我的成本了，等一下再賣！」「我快要由虧轉盈解套了，拗單一下再賣！」這些想法並不客觀，也不理性，建議從現實角度來做思考與判斷，例如技術線型破型態、籌碼凌亂，基本面也不如預期，那就應該要客觀的思考是否該小賠出場，或是換股操作。

在股票與人生之路上都需要隨時觀照自我，練習無我、客觀。投資有時候是競跑，有時候是馬拉松；盤勢有時候像高速公路，有時候是曲折蜿蜒的山路，重要的是了解自己的個性與投資優缺點，找適合的鞋，走自己的路。每天多超越自己一點，積沙成塔，績效一定會持續變好。

另外，我也要建議投資人，適時拋開帳上的虧損數字，那只是一個數字，暫時的虧損，只要有實力，很快就能賺回來。只要練習修正判斷與分析能力，不依據希望與想像做判斷，就能在賺大賠小、贏多輸少的長期累積中，走上財富自由之路！

1-3 觀念3》買對勝於買便宜 交易時勿陷入比價迷思

在前面章節中，有約略提到人性面對於投資的影響，我必須承認，即便「逆人性思考」了 20 餘年，已對投資心態與轉折狀況知之甚詳，也對基本面、技術面等投資資訊的掌握度相當高，但我仍偶爾會在操作個股的過程中「犯下所有投資人都會犯的錯」。

就好像俄國大文豪托爾斯泰（Лев Николаевич Толстой）在其名著《安娜．卡列尼娜》開場即寫下的那句話：「幸福的家庭都是相似的，不幸的家庭各有各的不幸。」若將之套用於投資上，我會說：「賺錢的投資人都是相似的，賠錢的投資人各有各的盲點。」在投資過程中，有時我也會因為「想要再多賺一點」、「應該可以再等等看」這些一閃而逝的念頭，而錯失了原本應該享有的更高報酬，或增加了原本應該可以縮小的損失。

價格不具意義，價差才是重點

克服人性與心魔需要不斷持續地練習，練習久了就會成為一種紀律，只要嚴守紀律，就能提高勝率。下面和大家介紹一個常見的心魔——「比價效應」，以及克服這個心魔的方式。

很多人在消費時會有「希望買便宜，喜歡撿便宜」的心態，同樣的東西買貴了就會有些「森七七」，買到相對便宜的東西則會滿足感爆棚。但是，投資行為與消費行為一定要分開，否則很容易陷入「賣掉的股票不但沒有跌，反而賣飛了！」卻又無法或不敢再買回來，最終陷入懊悔、鬱卒、悲憤的惡性循環中，這樣的心魔是很常見的心理盲點之一。

我很喜歡分享高中死黨——憲哥的故事：他在成大光電所畢業之後進入台積電（2330）工作，薪水比一般人高，早期亦有公司配股，賺到錢後他也會自己跑去買台積電的股票，靠著一邊工作，一邊陸續低買高賣台積電股票，多年來賺到了不少價差。

可是常在河邊走，哪有不濕鞋？憲哥最後一次賣台積電股票的時候（當時股價 260 元），劇本與前面幾次大不相同，這次股價不但沒有拉回，反而愈漲愈高。之後憲哥只能眼睜睜地看著台積電股價一路走高不回頭，因為每當他想把台積電股票買回時，內心就會有 3 個聲音影響著他：「再等等看有沒有便宜一點」、「再等等看能不能比上次賣的價位更低一點」、「我不貪心啦，有賺就好，一定還有機會等拉回，買低一點」。

這也是「心魔亂飛」的血淋淋案例。為什麼股票會賣飛？為什麼賣掉的股票永遠最飆，沒買的股票永遠最漲？為什麼賣掉的股票明明可以買回來，大家卻覺得很難辦到，買不下去？這都是受到消費行為與習慣的影響。1-2 提到賣飛士電（1503）的朋友亦是如此，他也想等士電股價拉回的時候再買進，一等再等，結果一等就等到士電股價叩關 200 元，哪來的「便宜貨」可以撿？

「買便宜」只是投資人的一種習慣，比價當然有誘惑力，但是用在投資上卻是盲點，是投資人的心魔，所以切記不要把消費者行為帶到投資上！價格不具意義，價差才是重點！而且，會漲的股票不怕買貴，因為天花板也會有變地板的時候。

心魔之所以難以克服，是因為投資人心中拒絕承認錯誤。對於賣掉的物品或是股票，若要用更高的價位買回來，很多人心理上往往會出現「排斥感」，這就是所謂的「比價效應」。例如以 50 萬元賣掉一幅畫之後，因畫家暴紅令藝術品價格一路狂奔漲到 100 萬元，漲幅達 1 倍，這時，你還會花 100 萬元買回這幅畫嗎？即使知道這幅畫的價格還可能翻兩番，很多人也會選擇「不吃回頭草」。

由於再買回畫作的行為會讓人陷入「自己當初怎麼會這麼蠢，賣掉這幅畫」的迷思中，所以一般人怎麼可能再買回來？但是如果有預言家告訴你，這幅畫 20 年後會漲到 3,000 萬元，你還會覺得用 100 萬元把畫買回來很蠢嗎？

「比價效應」有可能發生在日常生活中的各種交易行為上，買便宜本是人之常情，但是運用在投資上卻常常令許多人無所適從，嚴重影響投資績效。

比方熱處理廠高力（8996），股價從 2021 年年底的 60 元，一路漲到 2023 年的 360 元，中間歷經多次洗盤與震盪，還是有很多人再上車，後來又賺了一波。這些二度上車的投資人就沒有被「比價效應」困擾，也沒有執著於要買「更便宜」，而是關注於高力的產業基本面、技術線型、籌碼狀況等現實狀況是不是更好或持續符合預期，因此這些人的獲利持續成長，

2023 年 7 月 24 日高力盤中最高價更來到 447 元（詳見圖 1）。反觀那些因為比價效應而不敢上車的投資人，1 張股票至少損失了百餘元的價差，從結果論來說，好比入寶山卻未滿載而歸，相當可惜。

買進依據是對「未來價值」的認定

大家要知道，股神巴菲特（Warren Buffett）有句名言：「用合理的價格買進成長公司，勝過於用便宜的價格買進平庸公司。」畢竟只要買進成長型公司，後續股價就有可能會不斷向上攀升，一高後面還有一高；但若是買進平庸公司，股價就有可能一路向下不回頭，這便是選對股跟選錯股的天堂與地獄之別！因此，只要讓自己學會買到對的產業、對的股票，就算買進時股價偏貴，也絕不會買錯，因為後續股價向上攀升的機率很高！

舉例來說，曾有投資人向我訴苦，說自己多年前台達電（2308）買在 160 多元，結果 2020 年新冠肺炎（COVID-19）疫情爆發時，全球發生股災、熔斷（註 1），台達電股價幾近腰斬，當時他覺得陷入痛苦的深淵，但仍放著沒賣。之後隨著疫情影響逐漸散去，供應鏈和全球經濟開始復

圖1 2023年，高力盤中最高價達447元
——高力（8996）日線圖

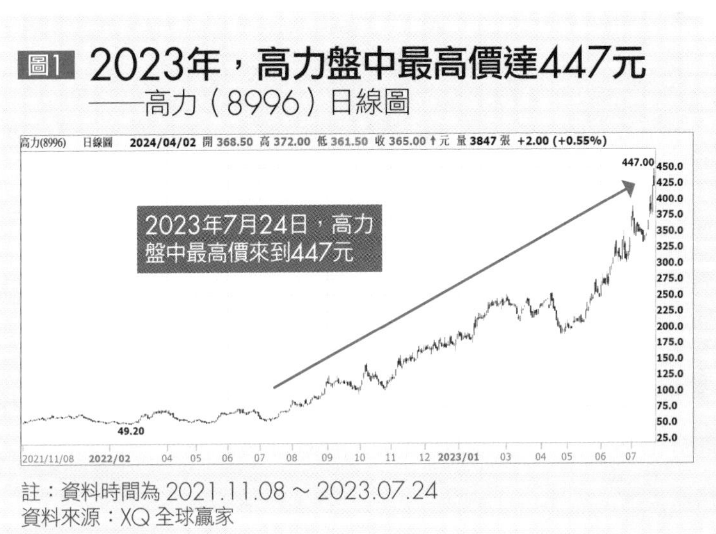

註：資料時間為 2021.11.08 ～ 2023.07.24
資料來源：XQ 全球贏家

甦，短短 2 年、3 年的時間，台達電的股價翻漲好幾倍，來到 380 元以上（詳見圖 2）。

以這位投資人來說，當初用 160 多元的價格買進台達電後慘遭套牢，覺得買貴，後來證明其實是買對大賺！更別說如今的台達電，主要優勢在於整合電源、散熱及被動元件等 3 大

註 1：熔斷機制是指在股票交易時間，當股價波動達到某個規定的幅度時，暫停交易的機制。

關鍵零組件，可以提供人工智慧（AI）電源全方位整合方案，已經成為輝達（NVIDIA）新 AI 晶片的電源供應大贏家，加上公司預估 2024 年 AI 伺服器訂單將有爆炸性成長，未來股價表現可期。

不想買貴是人之常情，但不一定適用於投資上，提醒大家買賣股票時，要拋開這樣的心魔，不要太執著於「之前交易的價格」，只要對於個股有一定的掌握度，經過深入分析，知道合理的價格後，便沒有追不追高的問題，看破這點就容易克服價格心魔。

要知道，股價反映的是公司未來的產業與業績，而產業趨勢與業績是會有所變動的，且是獨立事件。例如某個大訂單、某個重要的技術突破、某個政策改變等等，這些變動才是用以判斷股價合理與否的依據。換句話說，買不買股，所根據的並不是你對價格、對便宜的執著與心魔，而是對於「未來價值」的認定！

巴菲特說，他喜歡用合理的價格，買進成長的公司，但是一般投資人則是只想用便宜的價格買進公司，卻往往只能買到平庸的公司。因此誠心建議投資人，千萬要了解自己買進的公

圖2　台達電股價較2020年最低點翻漲數倍
——台達電（2308）週線圖

註：資料時間為 2018.10.29 ～ 2024.04.01
資料來源：XQ 全球贏家

司，而且是要深入了解，如此就可以突破買貴與否的盲點，進入贏家思維。

1-4 觀念4》闖股海像跑馬拉松 不求起步快只求夠持久

從任職於證券公司起到現在，一路從證券公司研究員、基金經理人到現在自行創業，我還是兢兢業業於拜訪公司、追蹤趨勢與產業前景，走過 20 幾個春夏秋冬，看盡投資風雲，面對各種來自於自己或外界的壓力，偶爾也會心浮氣躁或受到環境影響，但是我知道，保持心態平穩才能在投資之路上持盈保泰，走得更遠、走得更好。

因此，在看盤、研究趨勢與產業面、追蹤個股表現之餘，夜深人靜，我也會靜下心來，檢討自己的心態、操盤得失，試著讓自己隨時保持心靈的平衡。

面對詭譎的股市或操作得失，我會告訴自己：與其沉溺其中，不如找個時間，找個書桌，安靜的沉靜下來；不找人陪，只有自己，慢慢的、深深的呼吸。妄念不生，為禪；坐見本心，為定！隨時為自己的心點一盞燈，觀照自己，不失本心。你也可以這樣做。

保持平常心，有助提高勝率

很多人在看盤的過程中受起伏的股價波動影響，在衝動之下買賣股票，事後才一通後悔。在交易當中我們要保持平靜，因為「平常心」是重要的心理狀態，客觀理智才能提高勝率。面對盤勢膠著時，如果心態不對，就非常容易追高殺低，導致虧損，而當虧損發生時，我們的心態就會不健全，進而造成更大或不可挽回的虧損。所以，當盤勢膠著時，我們要做的是保持學習，並且耐心等待機會出現。當機會出現時掌握它，或買或賣，這樣自然能夠成為贏家。

《禮記．大學》裡提到：「知止而後有定，定而後能靜，靜而後能安，安而後能慮，慮而後能得。」而我也常提醒自己，要牢記「定、靜、安、慮、得」這 5 字箴言。

定是指「志有定向」，是修為的心志定向，人生世界觀的價值取向，人生之旅的目標定向與終極歸宿；靜是「心不妄動」，指心能保持寧靜，不受任何干擾，靜下來，自然不容易衝動；

安是「隨所處而安」，不論面對任何處境，都能心安，心情的安定往往也是影響勝敗的關鍵；慮是「慮事精詳，思慮周延」；得是「得其所止」，達於至善境界。

將「定、靜、安、慮、得」落實到生活中或投資之路上，就是要弄清楚自己的目標，踏實、謹慎、冷靜地朝目標前進，積極進取，也要保持隨遇而安的「平常心」，一步一步地走向自己的目標。

穿對鞋、走對路，方能行得長遠

對於習慣短線交易或「沖沖樂」的投資人來說，交易可能是一場百米賽，但是對於我來說，交易是一場馬拉松長跑，我習慣「看對、壓大、抱波段」。所以過程中需要保持耐心，隨時調整步伐、呼吸和情緒，因為這是一場持久賽，我們不需要追求快速到達終點，只需要確保我們正在前往終點的路上，終將歡喜收割。

優秀的馬拉松選手在比賽中會控制補充水分，在需要能量的時候補充飲食，因為他們知道，每一個步驟都會是比賽的關鍵。投資市場也是如此，股市裡的常勝軍不一定比其他人更懂交易，但是他們會在交易的過程中調整自己的情緒，讓自己得到更好的睡眠或飲食品質，因為這些看似簡單的小事會影響交易者的身心靈狀態。

當面對交易不如預期的時候，大部分的人可能會抱怨，然後怪東怪西，但是贏家除了會調整自己的交易策略外，更會尋求一個能夠讓自己保持腦袋清醒的方式，比如維持運動習慣、讓自己每天擁有好的睡眠等等。當身心靈狀態達到平衡時，就能提高交易效能。因此，如果你和我一樣將交易視為一場馬拉松長跑，請記住：透過每一個小細節讓自己的狀態變得更好，持盈保泰，自然就能夠贏得投資馬拉松比賽。

有一顆安定的心之後，就要堅持走自己的投資路，堅持到底也是一種紀律。我很喜歡分享「肯德基爺爺」的故事。

國際連鎖速食店肯德基創始人哈倫德・大衛・桑德斯（Harland David Sanders）出生於 1890 年美國印地安那州的小村莊。他 14 歲時輟學逃家，之後數 10 年中嘗試過如遠征軍、電工、渡輪駕駛員、鐵路工人等工作，也賣過輪胎和保險，甚至開過加油站，但勇於嘗試的精神未能為他帶來成功，直到 30 歲，他仍不斷掙扎在「失業、找工作」的循環之中。

不過，他並未因此感到灰心。他開著車，帶著自家研發的11 種獨家配料和炸雞技術到各地推銷，遭遇上千次拒絕卻從未放棄，歷經艱辛才獲得顧客肯定，敲開「肯德基」大門，並且在 10 年內開設了 600 多家分店。終於，在他 88 歲的時候，他的努力與堅持獲得回報，讓全世界知道他的名字。

成功沒有一定的模式，投資亦然，我們可以學習別人的優點，但不需要和別人比較，每個人都有自己的步調，專心走自己的路就好，有人成功得早，有人成功得晚，沒有好壞。成功時不需驕傲、自誇，尚未成功也無須自卑，只要持續努力，終點終究會到達，付出的努力不會白費。

投資這條路學無止境，只要常保「定、靜、安、慮、得」，走自己的路，穿自己的鞋，堅持學習與累積，不執著於各種妄念與心魔，一定會有回報。

1-5 觀念5》盤勢波動在所難免 沉著應對以免慌不擇路

股市最大的風險，就是永遠有風險。股市最不缺的就是突如其來的風險，近年來，從俄烏戰爭、通膨急遽上升、美國政府關門（指美國國會未能通過政府預算，導致聯邦政府部分機構暫時關閉）、以哈戰爭、晶片法案、美國公債殖利率攀升、美國聯準會（Fed）暴力升息等利空接踵而來，屢屢重創股市，每當股市大跌，對於手中有持股的投資人來說都是煎熬。

前面幾章分享的案例，多半是「賣早了」、「本可以賺更多」或「守得雲開見月明」的「獲利」結果，但如果你正好是手中有持股，卻碰到各種黑天鵝、灰犀牛（註 1）的投資人，除了停損出場或斷尾求生，還有什麼方式可以避開風險，讓自己安

註 1：「黑天鵝」是指極其罕見、難以預測的重大事件，例如金融海嘯、新冠肺炎（COVID-19）疫情等；「灰犀牛」則是指看似顯而易見，卻容易被忽視的重大威脅，例如氣候變遷、地緣政治衝突等。

全不受傷地下車？

下面我會教大家一套自己歸納的方法，讓大家在面對大跌時，仍能以不變應萬變：

步驟 1》保持冷靜是第一要務

前面說過，投資心態是決定績效的重要關鍵之一，面對大跌或虧損，心態能不能穩住，往往是後來績效變好與否的重要關鍵。修練心態、控制得失心，是十分重要的致勝因素。

當股票下跌時，請堅守 1-4 提到的「定、靜、安、慮、得」5 字箴言，畢竟面對天災人禍、戰爭、美國聯準會政策無預警轉向等黑天鵝，沒有人可以預料這些突發狀況，因此，遇事冷靜是第一要務。

股神巴菲特（Warren Buffett）最有名的金句之一，就是「別人貪婪時我恐懼，別人恐懼時我貪婪。」當面臨股市大跌風險時，贏家不但能做到「泰山崩於前而色不變」，並且會逆向思考好股票的買點，危機入市，這是值得一般投資人好好學習的地方。

步驟 2》以季線研判大盤趨勢

冷靜下來後，可以從題材、籌碼、線型、產業、總經（如貨幣政策與聯準會政策）、資金流向等全方位檢視盤勢。

舉例來說，2022 年股市下跌是因為美國聯準會暴力升息，要打通膨，以及產業庫存水位過高等因素，如果這些問題沒有解決，且股價未站回季線，就要持續保守因應，持股水位不宜太高。又或是 2023 年下半年美國公債殖利率攀升，導致美股下跌，那麼就要思考這個問題影響的層面，進而研判大盤的抗跌性。

我的建議是，如果投資人對總經、貨幣政策、美元走向、景氣燈號等有疑慮或無法判斷，那麼最好一律在每次大盤跌破季線，或是個別股票跌破季線時，就習慣性減碼、減倉、減壓力！

如果能學會停損或減碼，就算判斷錯誤也只是小賠，比起大賠受重傷，划算太多。如果不學會這招，你永遠只會看多、做多、買滿手，然後下跌時驚慌失措，甚至擠不出多餘現金鎖定好股票或是加碼攤平，等到下個階段的主流股或飆股出現，你就只能在旁邊看著卻什麼也吃不到。

步驟 3》檢視持股水位及投資屬性

第 3 個步驟是檢視持股水位及投資屬性。以持股水位來說，投資人可以先看看自己的證券帳戶中套牢的股票有多少，再決定是否要調降持股水位。如果投資人發現證券帳戶裡一半以上的股票都慘遭套牢，就要停看聽一下。另外，投資人也可以檢視持有的股票是屬於價值型還是成長型，若屬於景氣循環股，須檢視業績是否如預期，這也是決定持股水位是否要調整的重要決策判斷。

至於投資屬性部分，可以從以下幾點來判斷：

①性格偏向緊張型還是貪心型？

有人股票套牢 1 元就如坐針氈，有人股票套牢 30% 卻還是馬照跑、舞照跳，除了與對股票的理解與掌握度有關外，和每個人的血型、星座、個性、成長背景當然也有關係。

緊張型的人只要遇到一點風吹草動就想將資金抽離、打算賣股，這麼做的好處是不容易受傷，壞處當然就是遇到飆股可能被洗掉。而貪心型的人則是不管風險高低，總是想壓滿、拼大的，好處當然是有機會大賺，壞處就是當系統性風險（指影響整個市場的風險，無法透過分散投資來消除）來臨時，持股愈高，賠得愈慘。因此投資最重要的是了解自己屬於哪種個性，然後揚長避短。

②資金來源是借貸還是閒錢？

一般常見的資金來源有退休金、家庭備用金、信用卡預借現金或是信貸，又或者純粹是多餘的閒錢，不同的資金來源會有不同的操作節奏跟心情。

建議大家利用閒錢投資，這樣若不幸面臨股市大跌，心理壓力會比較小，倘若資金來源為借貸，那麼不但有利息支出，還要承受投資虧損恐還不了錢、受親友責難等壓力。在壓力山大的情況下，判斷自然容易失準。

③有無開槓桿？

融資的槓桿倍數是 2 倍～ 2.5 倍、個股期貨是 6 倍～ 7 倍、台指期貨是 10 倍，說得粗俗一點，「要有那個屁股才吃那個瀉藥」。投資人一定要熟悉融資、融券、期貨等信用交易的遊戲規則，真的了解其優缺點才將資金投入，千萬不要輕易使用這些槓桿投資方式，不然你會發現，開槓桿雖然賺得快，但賠錢也很快。

步驟 4》將手上持股汰弱留強

第 4 個步驟是將手上持股汰弱留強。但如果我們要降低整體部位，應該賣哪些股票？怎麼賣會比較好？

假設有位 A 先生同時持有 100 張聚陽（1477）、100 張中鋼（2002）。面對 2023 年台股 10 月以來的下跌，聚陽的股價一路上漲，而中鋼的股價則一路殺到見骨（詳見圖 1）。

一般人遇到這種情況，會傾向賣掉賺錢的個股，續抱賠錢的個股，盼望之後能夠解套或反彈，但現實多半事與願違，往往是賣掉金雞母，而續抱抱到「雞屎」。

正確的做法應該是，先判斷上漲的股票後續還有沒有成長的空間？下跌股票的產業趨勢、業績是否不如預期？向下的技術線型有沒有支撐？籌碼亂不亂？價格合不合理？做出判斷後，當斷則斷。

要知道停損是紀律，遵守紀律才能保護資產，而停損時也應該賣掉相對於大盤、其他產業來說展望較差、相對於同樣產業表現不好的個股，也就是汰弱留強。

圖1 同一時間，聚陽與中鋼的股價呈兩樣情
——聚陽（1477）vs.中鋼（2002）日線圖

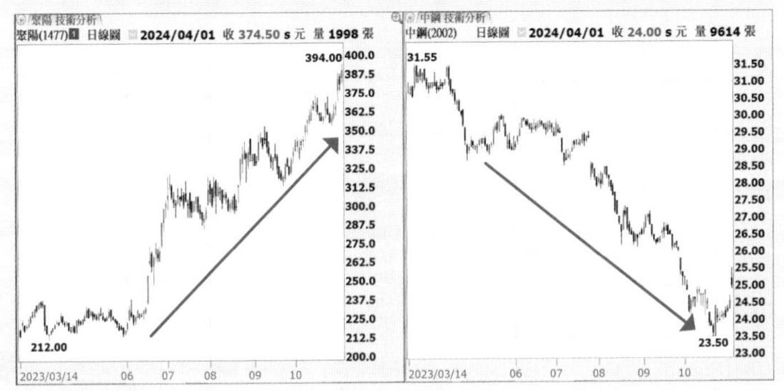

註：資料時間為 2023.03.14 ～ 2023.11.06
資料來源：XQ 全球贏家

步驟 5》嚴守停損與停利策略

第 5 個步驟是嚴守停損／停利策略，並對未來充滿信心。我們無法控制市場，只能控制風險！因此，提醒投資人進入股市之前一定要有下面 3 個認知：

①兼顧紀律與彈性

投資人應嚴守交易紀律，每次的買進賣出都要遵循已經設定好的策略，如果發現目前的股市狀況不符合原先設定的策略，就不該進行交易。同時也應保持彈性，當股市遇到大事件造成現況改變，就要立即考慮更改策略。

舉例來說，A 先生買進 1 檔股票，預計賺 10% 後停利，但不幸遇到黑天鵝使股市暴跌，這時就不應該繼續執行賺 10% 才停利的策略，而是下修賺 5% 後離場，讓自己保持彈性。

簡單來說就是如果股市現狀並未改變，就應該繼續維持紀律，不隨意更改。但如果擬定的策略不符合股市現況時，就要適度更改策略。

②找到自己的好球帶

股神巴菲特有一句名言：「你不用每一顆好球都揮棒，只要找到最甜的球揮棒即可。」意思是說，要找到最有把握、最舒服的投資方式，而且只做自己看得懂的標的，不需要什麼股票都想做。「不擅長、不舒服、看不懂」指的是藉由現有股市資料、知識與經驗，仍無法判斷持有個股未來往上走或往下走的機率，持有這種股票只是徒增焦慮感，建議還是別碰了。

如何找出自己的「好球帶」？首先要先確定自己做股票的策略，例如：是為了投資還是投機？再透過網路或書本知識找到自己有興趣的投資方法，然後去嘗試。如果有不錯的成果，未來又有類似的個股出現，就是你可以揮棒的「好球帶」，你也會比較了解未來這檔股票會怎麼走。

③耐心等待揮棒機會

找到「好球帶」後，應該耐心等候球進「好球帶」再揮棒。雖然等待的過程中可能會遇到其他大漲的股票吸引你，但是，因為那些股票沒有經過你的「好球帶」，代表那些股票的線型或產業並不是你熟悉的領域，就算買進，也不一定抱得舒服。因此，就讓它們從你身旁路過吧。

如果用「等公車」來比喻投資股票，我們的獲利策略好比是設定了公車路線，個股線型就像是公車，我們只搭會經過既定路線的公車，當公車偏離了我們的公車路線，就要下車。如果來不及上車呢？那就再等下一班公車進來，而不必在意沒有搭上公車。在等待的過程中，也可以暫時離開股票，讓心情適度放鬆。

當然，我們也要對未來充滿信心，要在股市賺錢長長久久，千萬不能失去信心，切記「順產業趨勢，逆群眾心理」。簡單來說，面對股市大跌首重冷靜，太過著急或緊張容易做出錯誤的判斷與決定，投資人應養成「不要站著被三振」的習慣，每次破關鍵型態點位或是破季線時，都要認真思考減碼，降持股降壓力。手上有現金無妨，錢不會咬你，靜待優質股票價值浮現的時候再「揮棒」吧！

1-6 觀念6》多看多學才能常勝 投資不宜閉門造車

我很喜歡和投資人分享投資心得，或者交流投資成功或失敗的經驗，因為我深信投資是一門「終身學習」的課程，而且要向強者與智者學習，才能站在巨人的肩膀，讓眼光看得更遠，讓思考角度變得更寬廣。所以我一向建議投資人要持續學習，不要閉門造車。

除了避免前面提到的投資心魔與迷思，還要持續閱讀與學習，在此分享幾個不錯的投資祕訣，希望對投資人有幫助。

祕訣 1》多閱讀

看書是提升自我最便宜的方式，也是讓自己重新專注的良方。微軟（Microsoft）創辦人比爾·蓋茲（Bill Gates）、SpaceX及特斯拉（Tesla）執行長伊隆·馬斯克（Elon

Musk）等科技巨擘也都大力推崇透過閱讀來提升自我。而我自己則是除了報章雜誌與研究報告，還喜歡多閱讀知名投資大師的傳記或投資專書，當然也不會忘了涉獵趨勢、經濟、產業、科技、投資心理方面的書籍或雜誌。

祕訣 2》多問「為什麼」

值得一提的是，馬斯克非常喜歡問「為什麼」，他認為問「為什麼」能刺激對方思考，也有助於簡化複雜的問題。每逢開會、生產過程出問題，他都會向執行負責人提出一大堆問題，他也鼓勵員工提問，甚至將問「為什麼」列入工作原則。正因為他不斷提問，也要求員工提出質疑、打破既定框架，SpaceX 才能顛覆航空業的成本結構。

我認為這方式用在投資中也很重要，只要在投資過程中懂得不斷詢問「為什麼？」就能找出更深層的理由，對於投資技巧與經驗的累積會有相當大的助益，加速成長。

祕訣 3》仿效烏龜精神

我常藉由閱讀投資大師的經典名著，增進自己的獨立思考能力，掌握正確的投資觀念，也從中獲取直接與間接的操作經驗，拓展自己的投資視野。其中，日本股神是川銀藏（Ginzo Korekawa）提到的投資鐵律，便與我的投資理念相當吻合。

我們都認為，投資股票就像兔子與烏龜的競賽，兔子因為太過自信，被勝利沖昏了頭，以至於失敗；烏龜走得雖慢卻穩紮穩打，謹慎小心反而贏得最後勝利。因此，建議投資人仿效烏龜，慢慢觀察，審慎買賣。

兔子類型的投資人搶快、搶短，可能會快速成功，但也可能會快速失敗，與其大起大落，不如穩紮穩打，一如我的「選對、壓大、抱波段」原則。所以建議投資人仿效烏龜精神這樣做：

①選擇未來大有前途卻未被世人察覺的潛力股並長期持有。

②每日緊盯經濟與股市行情波動，且要自己下功夫研究。

③切勿太過樂觀，別以為股市會永遠漲個不停，要適度停損停利。

④要以自有資金投資操作。

祕訣 4》遵循「只吃八分飽」原則

有位認真自學的投資人說，他發現操作股票最難的部分不是找買點，而是找賣點。的確如此，很多人帳面上雖已獲利，卻苦於無法確定何時該停利下車，這也是為什麼大家會說：「會買的是徒弟，會賣的才是師傅。」投資股票賣出比買進要難得多，買進的時機抓得再準，如果賣出時失敗了，還是賺不了錢，而賣出時點難抓，是因為一般人無法預料股票會漲到什麼價位，因此便很容易受周遭人、事、物左右，別人樂觀，自己也隨之抱持樂觀看法，最後因為貪心過度而錯失賣出良機。

此外，當市場人氣正旺時，最好秉持「飯吃八分飽」的道理，收斂貪欲，獲利了結。切記，多數投資人都不可能一直有「買在最低點，賣在最高點」的運氣，只吃八分飽更能持盈保泰，全身而退。

祕訣 5》使用自有資金投資

我常提醒投資人，最好使用自有資金或閒錢投資，避免借貸資金或槓桿操作，壓力會比較小，萬一有任何狀況也能避免重傷害。尤其是融資、融券等，畢竟股價有漲有跌，下跌的幅度稍大就會被追繳保證金，不繳便會被證券公司中止合作。

也許有人會說：「下跌時趕緊出脫就沒事了。」可是，就連股市專家都很難判斷何時該賣，何況是一般投資大眾呢？雖然投資人有時會因為「運氣好」而賺上一筆，但是光靠運氣風險太大，更何況很多人在嘗到勝利滋味後，就容易忘記失敗的教訓，反而見獵心喜、乘勝追擊，結果不但賠掉本錢，還得向親戚、朋友，甚至是高利貸借錢還債，陷入另一個負債惡循環，得不償失。

祕訣 6》拒絕靠消息面買股票

很多投資人每天追蹤財經新聞或閱讀報章雜誌，學習心態不錯，但問題卻出在發現什麼利多題材就一頭栽進去的選股習慣。若自己不下功夫研究，只靠「消息面」或人云亦云就下場買股，其實風險不小。

如果只是看看報章雜誌有什麼利多題材，就可以以此買進股票成功獲利，那些媒體記者何必辛苦跑新聞？只要寫幾篇報導就能呼風喚雨，那他們自己先下場買股，然後等著其他人上車抬轎不就好了？但天下豈有如此美事？

擁有一般程度的經濟常識，誰都辦得到，但如果真的想在股市賺錢的話，就得每天關注經濟動向，包含本地經濟、世界經濟等新聞。

我喜歡將買賣股票比喻為登山，理想的買點當然是在高度離山谷不遠的地方，可是當報紙、雜誌出現利多消息時，通常股價已經漲到離山頂很近的地方，跳進去正好一轉身就被割韭菜，而且這種機率並不低，還是不要這麼衝動吧！自己蒐集情報，在低價區買進、耐心等待，才是投資股票的祕訣。

祕訣 7》提醒自己勿追高

股價進入盤整模式時，追高殺低是大忌。當股價洗盤的時候，開高讓人衝動，但一買卻可能馬上套牢；當反手向下急殺，殺得又快又猛，因緊張賣掉股票，賣掉後卻又可能馬上反彈……。相信大家都有這種經驗，其實，知易行難，大家都知道不要追高殺低，但真的執行起來卻難如登天。以下提供 3 招因應策略：

①多看法人報告、深入了解公司的基本價值跟合理價位，並且搭配嚴謹的交易策略分批買，如此，股票下殺的時候反而是

好買點，人棄我取；股票大漲的時候也因為知道股價該有的本益比（PE）或價值，反而能做到優雅地賣股，人取我予。

②搭配簡單的技術分析做判斷，例如根據股票過去慣性，如果都是月線有守，那就觀察這一次拉回月線是不是有撐，如此就可以密切觀察，並且設好停損、停利點。

③追蹤籌碼。法人籌碼，大戶籌碼都動見觀瞻，也可以利用主力分點籌碼作為合理出場的判斷依據。

祕訣 8》不碰硬做的股票

早期台股股票不到 500 檔，主力最流行的操作方式是鎖籌碼，也就是精算流通股數，然後跟公司派打個暗示，讓公司派不要賣。市場上籌碼流通少的情況下，再透過媒體推波助瀾一下，就能在市場上產生很大的波動，但是這種沒有實質業績的股票，通常怎麼上就怎麼下。所以，硬做的股票好比裹著糖衣的毒藥，千萬不要碰。

當然，現在的主力也很聰明，他們會挑選市場上有業績、有題材的股票，因為市場關注，股票成交量夠，也方便主力進出，這時還是要多從其他指標或數據面觀察個股，多上幾道保險總是更安心。

祕訣 9》謹守交易紀律

股市永遠存在風險，應該遵循擬定的交易紀律行事，但如果發現股市狀況不符預期，也應該適度調整策略，而不是抱殘守缺，不知變通。

投資就像爬樓梯，持續累積與努力是必要條件。最後，提醒投資人，進場投資之前務必做好心理準備，先想停損點，再想進場點；贏在深入、勝在追蹤；把事情做正確而不是關心賺錢，這些事情都做好了，利潤自然會出現。

Chapter 2

奠定堅實基礎

2-1 洞悉未來經濟動向 輕鬆賺取趨勢財

掌握好投資最重要的心態以後，接下來，我將帶領大家一步步揭開投資的面紗。我常說，聰明人應該「站在巨人肩膀上看趨勢」，如果投資人有能力吸收專家或投資大師們的寶貴經驗並加以應用，甚至從中領悟自己的操作觀點或技巧，那便是再好不過的事，即使沒有投資大師的功力，活學、活用他們的經驗與知識，至少也能讓自己少走一些冤枉路，提高投資勝率。

像是投資之父班傑明・葛拉漢（Benjamin Graham）、股神巴菲特（Warren Buffett）、日本股神是川銀藏（Ginzo Korekawa）、傳奇基金經理人彼得・林區（Peter Lynch）、金融巨鱷喬治・索羅斯（George Soros）、德國股神安德烈・科斯托蘭尼（André Kostolany）等，眾多投資達人或專家都曾分享自己的投資策略與技巧，而他們傳世的經典故事與金融觀點也都值得投資人借鏡。

由於每個人的生活背景和投資環境都不一樣，我們也許無法完全複製別人的成功經驗，但是只要能夠掌握其成功的精髓，再「穿自己的鞋，走自己的路」，便能建構自己的投資心法與原則。

過去 20 年，我一路從實戰中累積經驗、借鏡前人智慧，並不斷摸索、調整，最終找到自己的投資心法，經過多年的驗證，確實創造了相當不錯的績效，也靠著這套「產業隊長操作心法」在 40 歲前累積了數千萬元的資產。以下將分享我的幾個重要投資策略與技巧，希望對投資人有幫助：

瞄準主流題材》透過 5 構面篩選強勢族群

日本股神是川銀藏建議投資人「要能掌握未來經濟變化的預測」。而就我的觀察來看，對於專業投資人來說，掌握未來 1 年～ 2 年的經濟變化是可能的，但對於非專業投資人來說，預測經濟變化或趨勢的難度實在太大。因此建議投資人應時時關心時事，天天接觸報章雜誌或產業研究報告，讓自己保持對新產業、新技術的敏感度與「盤感」，才不至於在進入新產業時，一開始看不見、之後看不懂，最後來不及在第一時間恭迎盛世。

掌握未來經濟趨勢很重要，像是 2019 年年底發生的新冠肺炎（COVID-19）疫情就改變了很多人的生活型態，從中我們可預見疫情時代及疫後的趨勢變化，例如防疫概念股、電商及外送平台的崛起，又或是推估疫情結束之後可能因報復性旅遊使旅遊股業績大噴發，以及從缺水、缺電連結台電的「強化電網韌性建設計畫」瞄準重電族群等，若投資人能留意到這些趨勢，勢必有助於篩選強勢股。

此外，隨著科技進步，2023 年人工智慧（AI）元年的到來，可以預測在未來 10 年，與 AI 有關的各種話題絕對會成為主流，不僅影響你我的生活，也將影響投資人的選股策略。因此，多運用想像力與預測能力，絕對有助於累積財務情商。至於未來長、中期可以掌握哪些趨勢財或重點個股，我會在第 4 章及第 5 章中詳細論述。

而在進入選股策略之前，別忘了要先觀察幾個「基本面」的狀況：

1. 總體經濟表現：可觀察各國國內生產毛額（GDP）、消費者物價指數（CPI）、製造業採購經理人指數（PMI）、失業率、貿易順差與逆差等經濟數據。

2. 產業變化：可觀察產業上、中、下游的出貨成長狀況、潛在市場規模、庫存狀況、交期、新技術與新趨勢等。

3. 公司營運狀況：可觀察產品售價、營運成本、銷售量、原料成本、利息支出等細節。

在嗅到趨勢並鎖定產業後，很多投資人會苦惱如何確定個股的趨勢向上，而不是「無基之彈」？通常我會觀察個股的「基本面」、「題材」、「族群」、「籌碼」及「線型分析」等 5 個構面，確定個股趨勢是否真的向上，以免買錯、抱錯而浪費時間（詳見表 1）。

檢視了趨勢、產業與個股的基本面之後，進場前還需要先制定投資策略，比方應該投入多少資金、分批買或 All in、買幾次、買幾筆、進場買點、停損或停利點、能容許的最大損失金額等細節。

待這些工作皆完成後，接下來還應耐心等待並持續觀察，如有任何意料之外的變化，一定要機動性調整策略或持股，但切記遵守紀律。「停損是紀律，亂砍是情緒」，不要因為情緒或心魔攪亂投資布局，功虧一簣。

表1 觀察個股5構面，確認趨勢是否向上
——個股5構面觀察重點

構面	觀察重點
基本面	個別公司的各項營運相關數據
題材	該公司生產何種產品，以及搭上何種題材
族群	該公司所屬產業類別、產業上中下游位階、上下游供應商及客戶狀況
籌碼	三大法人買賣超、大股東持股、融資融券、券商分點、借券狀況、庫藏股及內部人交易狀況
線型分析	個股K線型態、位置、波浪、成交量、強弱度、支撐壓力、指標、均線等技術線型

採行集中投資》善用「散戶兵法」鎖定小型成長股

在選股方面，我個人非常推崇的是成長股投資人吉姆·史萊特（Jim Slater）所說的「雷射光束勝過散彈槍」理論，這也和我自己的「看對、壓大、抱波段」投資原則，有著異曲同工之妙。

吉姆·史萊特在其著作《祖魯法則》（The Zulu Principle）中提到「聚焦」的重要性，強調集中投資，尤其是專注於小型股，因此祖魯法則也被稱為「散戶兵法」，這樣的操作模式更適合一般投資人（詳見延伸學習）使用。

「祖魯法則」分析評估法

1.本益成長比（PEG）小於0.66倍，若PEG能小於0.5倍更好。
2.未來1年本益比（PE）小於15倍。
3.股東權益報酬率（ROE）大於15%，而且連續3年正成長。
4.近5年每股稅後盈餘（EPS）正成長，年增率達15%以上。
5.毛利率大於15%。
6.負債比小於50%。
7.自由現金流量大於0。
8.總市值不能太高。
9.股本小（台股約可設定在股本新台幣50億元以下）。
10.大股東持股比率20%以上。
11.融資比率小於5%。
12.經營階層樂觀。
13.股價相對強度高。
14.公司具競爭優勢。

多年來，我多半集中持股及鎖定小型成長股，且一般會先經過前文提到的篩選流程，確定趨勢及個股基本面後再投資，大多能有不錯的績效。

法人出身的我相當重視產業趨勢，因此我的選股邏輯就是找到對的產業及「故事」（即題材），符合條件的個股容易吸金，剩下的就是耐心等待。

2-2 剖析公司體質 精準挖掘潛力股

股神巴菲特（Warren Buffett）曾說，他的老師班傑明・葛拉漢（Benjamin Graham）是對他影響最大的人，僅次於他的父親。而實際上，我的選股策略與操盤習慣也深受葛拉漢的「經營者思維」、「安全邊際」與「獨立思考」這 3 大投資定律的影響。

投資定律 1》經營者思維

買股票，本質上就是成為一家公司的股東。假設今天你想開一家飲料店，一定會先花時間盡力了解周邊人潮、營運模式、店面裝潢、產品競爭力、訂價等細節，並仔細計算進料成本、員工薪水、水電瓦斯費用、營業額、稅率等等，在審慎分析開店會不會賺錢之後，才會決定要不要投資，因為創業一定有風險，所以前面的所有評估都很重要。同樣地，投資也是如此。

經營者思維就是站在「公司經營者或股東」的立場檢視公司體質。從經營者角度出發，可以找到值得投資的好公司，倘若公司經營者連接下來要做什麼都無法說明白，甚至講不出公司願景，當然很難吸引認同公司的投資者。所以，大家在篩選投資標的時，不妨換位思考，從公司經營者或合夥人的角度對公司「挑三揀四」一番，或者也可以站在消費者立場，把公司當作一件商品，思考如果你是「買貨人」，會不會掏錢買它。

我們可以觀察這家公司在未來趨勢或產業快速變化的情況下，有著怎樣的願景？公司會不會突然倒閉？未來能不能好好成長？甚至是這家公司有多少債務、利潤？當風險或危機來臨時會如何因應？以及最重要的，是公司經營與管理階層如何？畢竟有「將帥無能，累死三軍」的主事者，也有領導統御能力超凡的主事者，很多重要決策的執行與推動甚至公司文化都與之相關，因此上述條件都要納入公司的整體評分中。

投資定律 2》安全邊際

葛拉漢認為，內在價值大於市場價值，而且達到一定安全邊際的公司才是值得投資的公司。當市場過熱時，安全邊際會降低，甚至出現市場價值大於公司內在價值的狀況，這時投資人需要特別謹慎；當市場蕭條、股價低迷之際，安全邊際會隨之擴大，這時便是買進股票的好時機，只要選對標的，豐厚獲利可期。

不過，雖然安全邊際可以保障投資安全及獲利，但許多優質公司的股價也可能一去不回頭，在昂貴與合理之間徘徊，這時投資人不妨思索「對的股票不怕買貴，因為之後會賺回來」的論點，勇敢追價。

投資定律 3》獨立思考

葛拉漢曾說，在華爾街證券市場上，成功需具備 2 個條件，一是正確的思考、二是獨立的思考。

葛拉漢這句話放在任何投資市場都適用。大部分的投資人對自己買的股票可以說「完全不了解」，很多人買賣股票全憑感覺，聽起來很浪漫，有點「一見鍾情」的味道，但其實很驚悚！如果光憑感覺，在完全不了解公司的情況下把錢胡亂丟進股市，甚至將基本面視為一碗「科學麵」，這不叫投資，叫賭博！

另外，也有不少投資人靠「消息面」做股票，完全不經思考、分析與判斷，跟「正確思考」或「獨立思考」完全沾不上邊，這也是為什麼股市中往往只有 20% 的投資人會成為常勝軍，80% 的投資人會成為常敗軍的原因。

其實，挑選公司是一門藝術，沒有絕對正確的答案，例如有人喜歡中小型股或高價股，有人喜歡能穩穩配息的高殖利率股，有人專挑成長型股，有人非價值型股票不買，有人獨愛投機型股票或獨厚電子股……。青菜蘿蔔各有所好，但不論如何，一定要思考為何而買、應不應該買以及何時該買賣。務必要先做功課，至少提出一個觀點，或是到達自己心中的目標價時再進場，之後再重複審視自己的觀點有哪些部分需要修正。久而久之，投資功力一定會大有進步。

有句話是「人不理財，財不理你」，投資股票則是「不找好公司，好公司不會自動送上門」，所以，想在 1,000 多檔上市櫃股票中撈到潛力股，不能單憑「市場傳聞」或是等著天上掉餡餅，還是要一步一腳印「找」起來，沒有行動，一切都是空談。

當然，浪裡淘沙、沙裡淘金很辛苦，但我相信天道酬勤，願意辛苦耕耘，總會有回報，這也是 20 多年來我一天工作 12

小時～ 16 小時，勤跑法說會、拜訪公司、研讀及撰寫研究報告、參加投資講座分享經驗的原因。從投資報酬績效來看，我的努力完全沒有白費，甚至超出預期。

選股策略》5 指標＋ 7 面向，判斷公司投資價值

了解 3 大投資定律後，接著，就是實際運用了。我在判斷公司價值之前，會先評估「新產品」、「新市場」、「寡占」、「高成長」及「國際級大客戶」這 5 項基本指標，藉此評估該公司是否擁有好題材或營運動能（詳見表 1）。一般來說，5 項基本指標只要具備其中 3 項，就算及格。

至於如何判斷公司是否符合這 5 項基本指標？很簡單，投資人可以進行實地訪查，除了參加公司舉辦的法說會以外，也可以找機會拜訪公司，聽聽高層怎麼說。當然，機會是留給有準備的人，建議大家在拜訪公司之前，可以先釐清以下 7 大面向（詳見圖 1）：

①產業特性

產業特性包含產業供需狀況、競爭優劣勢及供應商狀況。是否具有市場寡占優勢？面對大環境或景氣衝擊，公司有何因應

表1 具備其中3項基本指標，就屬於價值型公司
——挖掘價值型公司的5項基本指標

基本指標	特色	實例
新產品	毛利率較高，獲利率相對高	如早期的智慧型手機、蘋概股、電動車、人工智慧（AI）伺服器、擴增實境（AR）、虛擬實境（VR）產品等，像是特斯拉（Tesla）、蘋果（Apple）、台積電（2330）、大立光（3008）、聯發科（2454）等企業
新市場	切入全新市場，基期較低，成長幅度較大	如廣達（2382）、川湖（2059）、世芯-KY（3661）切入超級電腦、量子電腦及AI晶片，具有低基期、市占從零開始的優勢
寡占	寡占僅次於獨占，是指特定市場中僅有少數幾家供應商，難有新進者加入	如材料-KY（4763）、世紀鋼（9958）、華城（1519）、士電（1503）等公司，因為寡占而立於不敗之地
高成長	高成長通常代表高獲利，股價容易上漲	如亞馬遜（Amazon）、臉書（Facebook）母公司Meta、網飛（Netflix）、Shopify等公司，業績因新冠肺炎（COVID-19）疫情而受惠
國際級大客戶	成功拿下國際級大廠的訂單，甚至打進其供應鏈，公司身價自然高	如嘉澤（3533）、健策（3653）的客戶擁有英特爾（Intel）、超微半導體（AMD）等國際級大廠

之道？三率三升（註 1）的變化為何？這個產業會是目前最值得關注的產業嗎？這個產業接下來會持續成長嗎？成長的幅度有多大？什麼原因可能會讓產業發展停滯？如果公司所屬產業正好走在主流趨勢上，近期會爆發嗎？大趨勢真的開始了嗎？

②競爭優勢

競爭優勢包含「行銷」與「生產」兩個面向。行銷方面像是公司是否擁有利基型大客戶？是否推出新產品？自有品牌能見度如何？未來是否有開拓新市場的計畫？主要客戶或訂單的未來成長性？如何爭取潛在客戶？

至於生產方面，則是要確實深入理解公司，例如：產品究竟應用在何處？競爭力在哪裡？有無護城河？有什麼優勢不可被取代？

③營運狀況

營運狀況是指公司的營業收入、營業費用、營業毛利、營業外利益及損失、轉投資認列的投資收益等部分的狀況，投資人

註 1：三率三升指的是毛利率、營業利益率與稅後淨利率 3 項數據皆上升。毛利率愈高代表公司獲利愈高；營業利益率愈高代表公司的經營管理能力愈好；稅後淨利率愈高代表公司愈會賺錢。

圖1 投資人拜訪公司前，須釐清7大面向
——拜訪公司七龍珠

可以根據財報來檢視公司的營收變化與獲利結構。

④成本結構

從成本結構可以看出公司的毛利是否穩定，並以此觀察從原料、人工、製造等費用的比率及比重、主要原料的報價變化梳理公司的營業成本。如果原料來自海外，還須考量匯率變化，因為匯率變化可能衝擊毛利高低。

⑤行銷與客戶分析

關於行銷與客戶分析，可將重點放在了解主要客戶的未來成長性，以及潛在客戶的開發狀況；另外需確認公司的訂單能見度及製造時程，方便估算營收。

⑥生產狀況

針對公司的生產狀況，投資人要去了解產能利用率高低、機器閒置狀況、未來是否有擴充產能計畫等，以評估公司的獲利狀況。

⑦資本支出

了解公司是否有計畫投入資金於購置土地、擴建廠房或添購新設備，又是否有籌資計畫（例如現金增資、發行公司債等等），以評估公司的營收與獲利是否有受到前述因素的影響而有所增減。

投資人如果想要釐清前面提到的 7 大面向，除了可以觀察公司定期發布的財報、研究股市觀測站公開資訊或媒體新聞之外，最直接的方法就是「直搗黃龍」，殺去公司問個清楚。

當然，會不會問問題也是個關鍵，「好問題」可能引出驚天祕聞，或者讓你看出數據與報告之外的言外之意與其他可能。如果你無法像財經記者那般犀利，無法像專業法人或研究員那般引經據典進行「靈魂拷問」，那麼或許產業隊長的「拜訪公司七龍珠心智圖」能助你一臂之力（詳見圖 2）。

由於「拜訪公司七龍珠心智圖」在我前兩本書《產業隊長教你看對主流產業選飆股》和《產業隊長張捷致富術：瞄準 5 大錢景，挖掘趨勢飆股》中都有詳細介紹，故此處就不再贅述。

總的來說，投資人只要能夠善用前文所提到的「5 項基本指標」、「拜訪公司七龍珠」以及「拜訪公司七龍珠心智圖」，再搭配本益比（PE）與本益成長比、成長動能、資本額及籌資計畫、商業模式等不同面向，就可以全方位評估一家公司到底值不值得投資。

如果能確認產業趨勢向上甚至即將爆發，確認公司具有獨特的競爭力及優勢，甚至可以預估出明年、後年的成長數字，抓

圖2 拜訪公司前，可用心智圖擬定提問內容
——拜訪公司七龍珠心智圖

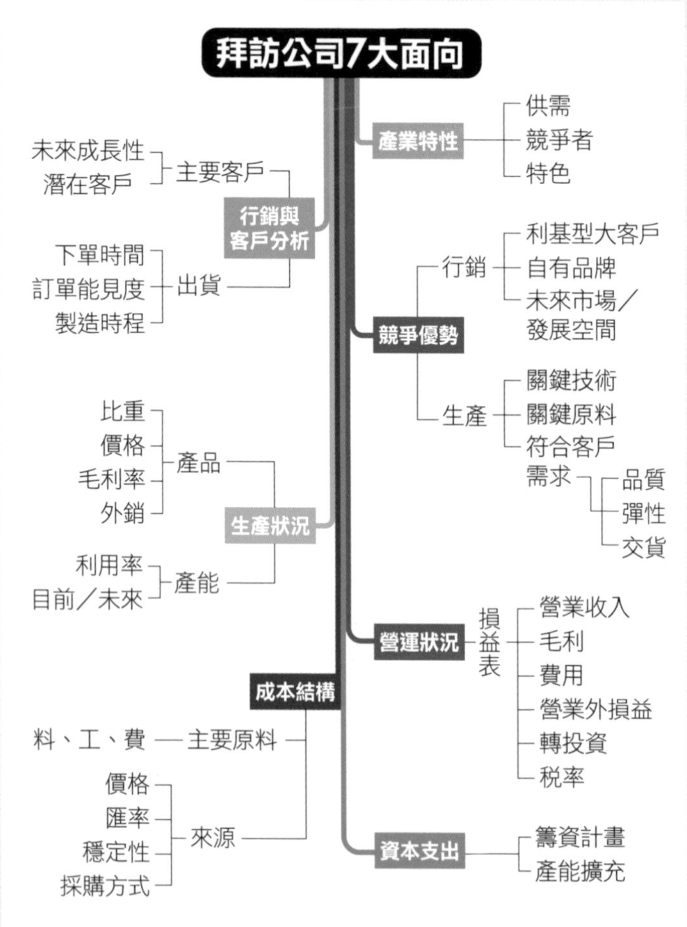

拜訪公司7大面向

- **產業特性**
  - 供需
  - 競爭者
  - 特色
- **行銷與客戶分析**
  - 主要客戶
    - 未來成長性
    - 潛在客戶
  - 出貨
    - 下單時間
    - 訂單能見度
    - 製造時程
- **競爭優勢**
  - 行銷
    - 利基型大客戶
    - 自有品牌
    - 未來市場／發展空間
  - 生產
    - 關鍵技術
    - 關鍵原料
    - 符合客戶需求
      - 品質
      - 彈性
      - 交貨
- **生產狀況**
  - 產品
    - 比重
    - 價格
    - 毛利率
    - 外銷
  - 產能
    - 利用率
    - 目前／未來
- **營運狀況**
  - 損益表
    - 營業收入
    - 毛利
    - 費用
    - 營業外損益
    - 轉投資
    - 稅率
- **成本結構**
  - 主要原料
    - 料、工、費
  - 來源
    - 價格
    - 匯率
    - 穩定性
    - 採購方式
- **資本支出**
  - 籌資計畫
  - 產能擴充

出自己認為合理的本益比及預期價格，那麼能做到以上各點的投資人，基本上已經勝過市場 70% 的投資人了。

「行情是等出來的，股票是研究出來的」，只要靜下心來做好選股功課，接著只要靜待好機會出現再出手，就能提高勝率，邁向專業投資人之路。

2-3 評估自身條件與需求 打造適性投資方式

每家公司都有自己的產業特性與獲利模式，一般可以分為「價值型公司」與「成長型公司」兩種，放到股票上，就是所謂的「價值型股票」和「成長型股票」（詳見表 1）。

價值型投資》追求長線獲利

價值型股票通常是指價值被市場所低估的公司，或是營收沒有顯著成長的公司，特色是普遍不具高成長性、獲利相對穩定的大型公司，當然也包含一些業績成長衰退的公司，這類公司股價波動相對較小，主要獲利會用在發放股息，而非投資上。

若投資的是價值型股票，就可稱為「價值型投資」。一般來說，價值型投資比較屬於長期戰略，需要耐心等待投資標的慢慢綻放，追求的是長線獲利。

表1 價值型股票的獲利持續力久、穩定性高
——價值型股票vs.成長型股票

項目	價值型股票	成長型股票
選股方向	穩健、產業寡占	具爆發力、未來展望
獲利與業績屬性	持續力久、穩定性高	成長性高
關注指標	股價淨值比、流動性、負債比、殖利率、在手訂單、能見度、配息率	報酬率、營收年增率、公司政策、客戶訂單、本益比、本益成長比
投資心態與想法	耐心等待、逢低買進、分批出手、謹慎評估	大膽假設與勇敢追夢、維持高成長是必須、關注營收業績、持續留意趨勢
產業特性	寡占、穩定性高	成長性大、未來高度發展
產業舉例	鐵路、電力、國營事業等	電動車概念、生技新藥等
公司舉例	中鼎（9933）	高力（8996）、美時（1795）

舉例來說，我在 2022 年研究的營建股宏盛（2534），就是屬於價值型投資。當時切入的角度是：宏盛淨值 29 元，本淨比偏低，不到 0.9 倍，而完銷認列的房屋跟土地能見度高，考量的是殖利率，追求的是長期穩定度跟能見度，這類價值型股票適合存股族、不看盤的上班族、風險厭惡者，以及喜歡穩定配息的投資人。

如果投資人希望朝價值型投資之路邁進，除了要具備「獨立思考的能力」之外，還需掌握2大重點：一是「經營者思維」，二是「安全邊際」。

你要當作公司是你的，你是公司的股東，所以公司的所有事情都與你有關，否則你就沒有資格長期持有它，也因為要長期持有，更應具有經營者思維，千萬不要買了股票就束之高閣，漠不關心。

此外，既然要將資金投入，當然買進價要愈便宜愈好，所以需要耐心等待，等待系統性風險發生的時候，在別人恐懼時換你貪婪。至於什麼時候該出手，有賴平時做好功課，平時就對公司的財務、競爭力等狀況瞭若指掌，自然知道公司該有的「價值」，之後只待「東風」吹起即可。

成長型投資》具快速上漲的潛力

成長型股票的股價有快速上漲的潛力，具有高收入增長、盈利增長或市場占比增長等特色。和價值型投資相比，成長型投資相對積極，短期內股價就可能極具爆發力，有機會帶來更高的回報，卻也代表更大的風險。例如熱處理廠高力（8996），就是拼公司未來的成長性（詳見圖1）。

圖1 成長型股票股價較具有爆發力
——高力（8996）日線圖

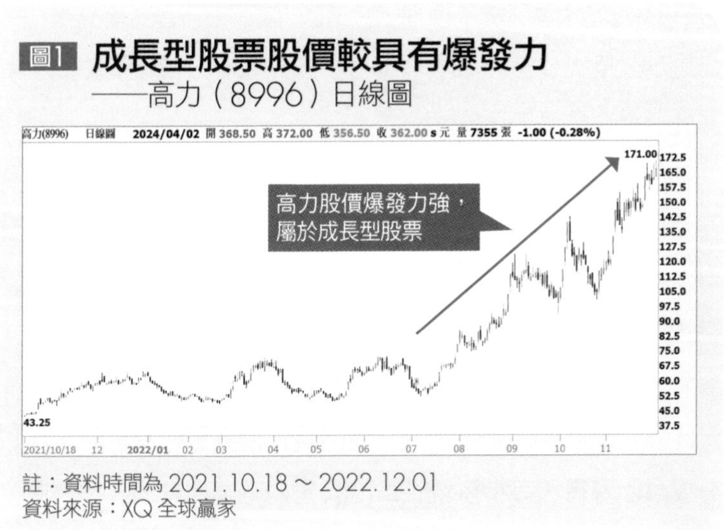

註：資料時間為 2021.10.18～2022.12.01
資料來源：XQ 全球贏家

追蹤這種成長型股票的未來，必須看本益成長比、未來的本益比（PE），還有公司擴廠進度、訂單掌握度、客戶成長性以及追蹤籌碼，操作上則須設好停損停利點。雖然成長型股票的投資風險會比價值型投資還要高，但是伴隨而來的報酬也會比較高。

成長型股票首重產業趨勢，唯有站在主流趨勢上的產業與公司才可能創造高成長性，公司未來的獲利、本益比都會提高，也自然可以吸引籌碼、技術、資金、法人關注，屆時內、外資報告、新聞媒體都會簇擁而上，如果能提早卡位，報酬可期。但是，想要抓住這類飆股需要付出的研究心力當然比較高，畢竟天下沒有白吃的午餐。

至於投資人在操作時，應該採用「價值型投資」或是「成長型投資」，端賴投資人本身的投資習慣、屬性、投資目標而定。投資人可以按個人年齡、屬性、風險接受度、操作習性、基本功力、股齡等條件選擇適合的個股或投資組合。

想靠投資致富沒有捷徑，唯有穩紮穩打

常有投資人問我，投資是一門學問還是一門科學？其實就我看來，投資涉及的層面包含心理學、統計學、經濟學、人脈經營、訊息篩選與分析，還包含數學、推理、預測，以及法律條文、圖形、幾何學、計算、判斷，甚至情緒管理、商業管理、策略與布局等……。因此，我認為，投資是一門藝術。

這些「學問」涵蓋範圍甚廣，卻沒捷徑，換句話説，沒有「快速致富」的方法或一夜長大的靈丹妙藥，只能靠穩紮穩打、辛勤累積。唯有全方位地提升自己，累積到一定程度後，成效與績效就會雙重爆發。

劉勰在《文心雕龍》裡提到：「操千曲而後曉聲，觀千劍而後識器」，形容掌握多支樂曲後才能懂得音樂，觀察很多柄劍之後才懂得如何識別劍器。這跟商業管理的「1 萬小時定律」不謀而合。簡單計算一下，投資人如果 1 天用功 5 個小時，1 週 5 天就是 25 個小時，1 年 52 週就是 1,300 個小時，算下來累積 1 萬小時需要 7.6 年。換句話說，7.6 年後，勤勞努力的投資人有機會晉升為投資專家！

參考投資金字塔6面向 練就敏銳度與判斷力

走過 20 年投資路，有句話讓我深有體會：「用心了解投資，才知道投資真正的價值。」當你真正了解投資，你會更用心對待它。很多能力與習慣是靠不斷練習、累積而來，投資也是一樣，而且，除了持續練習，還需要刻意練習。只有針對個人目標、需求、能力等條件擬定「刻意練習」的內容與步驟，並反覆練習，才能突破潛能。

萬丈高樓平地起，蓋房子地基要打得深，才能蓋得高。投資也是如此，唯有向下扎根，才能向上成長。建議投資人除了針對前文提到的「拜訪公司七龍珠」等基本功刻意練習之外，還可參考「產業隊長投資金字塔」強化選股力，提高投資敏銳度（詳見圖 1）。

基本上，「產業隊長投資金字塔」愈底層的概念，就是愈重

要的基石，需要多加留意。下面，就來為大家一一介紹「產業隊長投資金字塔」6 面向的涵義：

面向 1》總經面

請努力培養總體經濟學的敏銳度與理解力，了解貨幣政策、政府政策、資金流向、地緣政治、景氣燈號、領先指標、美國聯準會（Fed）利率等資訊，是如何影響全球金融環境與投資趨勢。

這部分雖與操作、選股無關，但是會影響投資人對盤勢的判斷，也就是何時該進場、何時該觀望，一旦能掌握盤勢走向，或者對盤勢走向「有感覺」，就能掌握好持股比重及進入市場的時機點，並能靈活調整持股比例，當然也會大大影響未來的賺賠跟績效。

面向 2》產業面

產業面是影響股價的重要因素之一，就好像那句俗話一樣，「站在風口上，連豬都會飛」。當公司在對的產業裡面，產業與公司業績都容易成長。

面向 3》基本面

基本面也會是影響股價的重要因素之一。基本面好的公司，代表著公司本身的競爭力更為突出，未來可能也會有更高的市占率。

通常會將產業面和基本面放在一起觀察，好比半導體晶圓代工龍頭台積電（2330），每次只要公司召開法說會，全世界都在看。因為台積電是半導體產業龍頭指標，法說會揭露的資訊總是與整體半導體的景氣跟成長率有關，甚至台積電與上下游客戶之間的連動性也能反映供應鏈榮枯。因此，從台積電的法說會與財報數據中，除了可以看見公司本身的優勢外，還能看到產業、供應鏈、全球半導體進程，早一步知道轉角是否能遇見「春燕」。

面向 4》資金面

資金面可以領先引起市場注意，例如某家公司的千張大戶持有者、400 張大戶持有者的比率、人數如果不斷增加，說明投信、外資法人或大戶等可能不斷大買，這背後難道沒有故事？若你能夠領先眾人挖出背後的故事，就有機會搭上資金順風車。

面向 5》技術面

技術面其實就是群眾心理的反射，投資成本的計算，例如某檔股票股價跌破季線，也就是跌破這一季所有投資人的平均成本，代表這 60 個交易日以來所有買進的投資人都套牢，那是不是代表會有停損賣壓出現？是不是表示我們之前誤判了某些狀況，才會慘住套房？是不是代表未來股價若漲回季線，會有解套賣壓？當你想清楚這些問題後，就知道現在究竟是該買還是該賣了。

面向 6》消息面

消息面屬於落後指標，通常當媒體端披露了訊息，讀者看到新聞的時候，已經有很多人在好消息曝光前上車卡位、一堆人在壞消息曝光前下車或等著下車了。

試想，如果一家公司業績好，誰會先知道消息呢？當然是公司一線管理階層與員工會先知道，再來是造訪公司的法人，最後才會是公司媒體或公關對外發布新聞稿，這表示投資人看到的或聽到的，通常不會是第一手訊息。

當然，披露的消息也有重磅與否的差異，如果是重磅利多消息，興許能刺激股價再漲一波，甚至吸引更多群眾螞蟻搬象；反之，如果是重磅利空消息，多數看到新聞才被震醒的投資人，則可能會來不及逃離災難現場。

這也讓我想到一個關於蝙蝠的故事：很多年前，某個鄰近森林有很多蝙蝠出沒的偏遠小村莊來了一位商人，他告訴村民，他將以每隻 100 元的價格收購蝙蝠。在此之前，沒有人知道蝙蝠也可以賣錢，所以村民們聽到消息以後，感到非常興奮，覺得發家致富的道路就在眼前，就開始大肆捕捉蝙蝠，而商人的陰謀也悄悄展開了。

起初商人以每隻 100 元的價格收購了幾千隻蝙蝠，當蝙蝠的數量減少時，村民們便停止了捕捉。這時商人卻放話出來，說每隻蝙蝠的收購價提高到 200 元，於是村民們又重新開始捕捉蝙蝠。不久，蝙蝠的數量變得更少了，村民們再次停止捕抓蝙蝠，恢復耕種。

之後，商人又把每隻蝙蝠的收購價提高到 250 元，但是森林裡的蝙蝠已經很少了，就算村民們努力一整天也很難抓到一隻蝙蝠。後來商人把收購價格提高到 500 元，不過他說自己必須回城裡處理事情，由助手代替他進行收購事宜。

商人回城之後，助手指著被老闆收購的幾千隻蝙蝠對村民們說，我們來做一筆交易吧！我以每隻蝙蝠 350 元的價錢賣給你們，等我的老闆從城裡回來後，你們再以每隻 500 元的價格賣給他。村民們覺得這筆生意很划算，於是拿出所有積蓄，買下助手手中的所有蝙蝠。但奇怪的是，從此之後，村民們再也沒有看見商人和他的助手。

若將上述故事套用到股市中，那麼蝙蝠代表的是不具備投資價值或價值不高的公司股票，村民是散戶，商人則是所謂的莊家，將股票高價賣給散戶，而助手顯然是配合莊家或主力散布虛假消息的人，相當於現實中把股價炒高後開始放利多消息，說股票依然有很大的上漲空間，以此吸引散戶進場接刀的人。

如果故事中的村民們有認真做功課研究就會知道，蝙蝠根本值不了多少錢，當知道這個事實之後，村民們就能判斷商人開出的價格是否合理，不會傻傻聽信助手的話而被坑殺。同樣的道理，如果股市中的散戶們具有判斷消息真偽的能力，也不至於進場接刀了。

許多新手或是非本科系的投資人會覺得要學習經濟、統計等有難度，但也正是因為有難度，別人不願意做，願意花時間學習的人更能獲得極大的績效與成功。

建議大家有空時可以將「產業隊長投資金字塔」從下而上全

面累積，不要偏廢，尤其千萬不要只想學技術線型的圖形判斷、指標預估、型態完成，因為同樣的東西面對不同的市場與個股，仍有機率上的問題，例如假破底、真穿頭、過高後長黑吞噬反轉、當沖客、避險基金、主力騙線，或是券商分點匯出後再賣……。

市場上有很多方式可以騙過只看表象的投資散戶，因為你的對手知道你所不知道的，而你的對手更知道你在看型態、K線，知道股價長黑摜破後你的下一步動作會是什麼，甚至就連你的情緒跟反應也都在別人的計算之中，這可不是危言聳聽，而是真實的投資競技場。如果技不如人，蝙蝠的故事恐怕將會不斷上演。

所以，即便是股神巴菲特（Warren Buffett），也持續不斷地認真研究財報，數十年如一日。他說：「我了解公司的全貌，而一般人只想了解股價。」由於巴菲特了解公司的經營階層以及公司是否擁有長期穩定的競爭優勢，所以他有能力預判公司的未來。

此外，投資大師喬治．索羅斯（George Soros）關心總經訊息、貨幣政策是出了名的；傳奇基金經理人彼得．林區

（Peter Lynch）勤勞拜訪公司尋找績優股也是。如果連這些大師級人物都這麼用功學習、堅持累積，我們怎麼能不努力跟進？

投資路上，唯有學習贏家思維與做法，和賠錢者的思維與做法說拜拜，才是致勝關鍵！

追蹤法人、大戶、主力動向 透過籌碼分析解讀股票表現

有些散戶認為，法人（含外資、投信）、大戶、主力是他們在投資市場上的「敵人」，甚至說他們是股市裡的「吸血鬼」，賺光散戶的錢，其實不然。我認為他們只是資金部位較大、比一般人更深入研究的散戶，人家不僅有「銀彈」，而且還勤練「槍法」，所以取得了應有的成功，他們不是投資人在投資市場上的阻力，反而是一種助力。

試想，法人、大戶、主力一定是對國際趨勢、產業面、基本面、技術面深入研究後才會有買進動作，畢竟真金白銀，錢再多也沒人想當散財童子或莽撞行事，而是希望有獲利、創造績效。其實，一般投資人除了自己研究外，也可以參考法人、大戶、主力進出狀況，作為篩選股票的參考，站在巨人肩膀上，也許可以享受甜美的獲利果實。所以，法人、大戶、主力究竟是敵是友，端看投資人怎麼想。

我一向認為，沒有人會因為學習而變得一貧如洗，只有因為學習而改變人生，所以我總是試著站在巨人肩膀上看世界，與強者靠近，讓自己變得更強。因此多年來，我會隨時留意外資、公司派、法説會訊息以及產業動態、研究報告，藉此篩選最強產業與優質標的，提高獲利與勝率，而不是憑著膽識胡亂拼搏，純粹賭運氣。

投資人若想了解法人、大戶、主力的動向，就必須觀察籌碼，也就是股票流通張數。當題材轉向某個產業族群，除了研究基本面與公司體質，我也會一併研究籌碼及技術線型。

籌碼分析易學難精，又不能不學，邏輯一如「票房保證」，如果 1 檔股票買盤熱絡，甚至愈跌愈買，而且還是法人、大戶在買，那麼追蹤他們的買賣超就具有重要意義。因為投信、外資是正統主力，擁有研究團隊、銀彈與大量資源，還會勤於拜訪公司，更擅長團體作戰，所以不只擁有真金白銀，而且資訊領先。

在做籌碼分析時，要先建立 2 個重要觀念，一是「資訊引領資金」，二是「籌碼決定股票股價上漲的速度」。除了題材對，股價通常會領先反映題材多空，且會直接反映在籌碼面上，成交量在股價上漲期間也會明顯放大。基本上，籌碼面雖然是配角，但它會決定股票上漲的速度與推升力度，如果籌碼相對集中，拉升速度自然迅捷凶猛，尤其是法人、大戶、主力認養的股票。

法人》檢視外資、投信、自營商資金流向

舉例來說，我會從「外資買賣超金額排行（上市）」觀察手中持股或鎖定的口袋名單，在外資方面的進出狀況及個股籌碼變化，如廣達（2382）、鴻海（2317）、長榮（2603）、台積電（2330）、聯發科（2454）等個股的外資買賣超金額（詳見圖 1）。透過交叉比對投資組合的強弱與未來可能表現，也可以從數字變化中看出法人及大戶心態是偏多還是偏空，以及籌碼主要花落誰家。或者可以從 K 線圖搭配投信買賣超看個股的股價與籌碼表現。

如果外資連續買超或賣超，或者投信、自營商的進出出現明顯波動，可以提早擬定因應策略。畢竟全球金融與股市變化牽一髮而動全身，就算每天盯盤 16 小時，也不可能憑一己之力即時掌握所有資訊。所以需要靠觀察法人的動態，檢視資金流向與籌碼流向。

圖1 從外資買賣超金額排行可觀察個股表現——外資買賣超金額1日排行

外資買賣超金額排行

外資買賣超金額1日排行　自設區間:從 2024/04/15 到 2024/04/15 GO

○上市櫃合併 ◉上市 ○上櫃，日期：04/15 單位：千元

買超

名次	股票名稱	買進	賣出	買超張數	買超金額	收盤價	漲跌
1	廣達(2382)	15,575	9,672	5,903	1,556,675	261.00	-10.00
2	緯穎(6669)	1,634	1,037	598	1,447,624	2420.00	15.00
3	鴻海(2317)	49,145	41,212	7,934	1,165,917	146.00	-4.50
4	世芯-KY(3661)	1,451	1,072	379	1,063,087	2755.00	-145.00
5	長榮(2603)	15,502	10,952	4,550	805,486	178.00	1.50
6	創意(3443)	1,709	1,054	655	779,200	1160.00	-95.00
7	嘉澤(3533)	886	614	272	401,799	1475.00	-25.00
8	元大滬深300正2(00637L)	36,556	6,461	30,095	397,450	13.47	0.53
9	大亞(1609)	29,367	22,656	6,711	371,196	55.60	5.00
10	緯創(3231)	13,956	10,950	3,006	361,235	119.50	-3.00
11	祥碩(5269)	378	216	162	359,318	2195.00	-50.00
12	義隆(2458)	3,872	1,654	2,218	358,171	162.00	3.50
13	金像電(2368)	6,312	4,690	1,622	350,466	212.50	-17.00
14	矽力*-KY(6415)	4,308	3,438	870	342,710	396.50	9.50
15	宏碁(2353)	20,520	13,716	6,804	324,302	47.55	-0.95
16	矽統(2363)	5,738	1,037	4,701	288,946	62.00	0.60
17	保瑞(6472)	1,539	1,193	346	281,530	795.00	5.00
18	國泰金(2882)	12,838	7,520	5,318	259,257	48.95	-0.10

賣超

名次	股票名稱	買進	賣出	賣超張數	賣超金額	收盤價	漲跌
1	台積電(2330)	19,254	31,096	-11,842	-9,559,764	806.00	-12.00
2	聯發科(2454)	2,559	5,593	-3,034	-3,406,573	1110.00	-70.00
3	華城(1519)	3,180	6,030	-2,850	-2,607,518	876.00	-70.00
4	中興電(1513)	29,320	39,387	-10,067	-2,082,100	203.00	-9.00
5	聯電(2303)	8,189	32,245	-24,056	-1,242,717	51.60	-1.10
6	士電(1503)	4,564	8,134	-3,570	-1,173,545	309.00	-25.00
7	榮運(2607)	1,951	41,053	-39,102	-1,172,124	29.95	-0.60
8	復華台灣科技優息(00929)	2,226	57,420	-55,194	-1,152,912	20.85	-0.20
9	亞力(1514)	22,048	28,048	-6,000	-1,047,460	175.00	7.00
10	聯詠(3034)	1,086	2,612	-1,526	-946,549	618.00	-12.00
11	欣興(3037)	7,139	11,990	-4,851	-892,466	182.50	-11.50
12	東元(1504)	14,092	26,651	-12,559	-754,455	59.20	-1.60
13	國泰永續高股息(00878)	1,079	31,277	-30,198	-681,147	22.51	-0.19

註：資料時間為 2024.04.16
資料來源：XQ 全球贏家

大戶》觀察持股比率變化

一般來說，可以按持股市值定義「大戶」與「散戶」，如果是 2024 年氣勢如虹的世芯 -KY（3661）、緯穎（6669）、祥碩（5269）、川湖（2059）及 M31（6643）等千金股，持有 400 張就算是「大戶」、持有 50 張以下則為「散戶」；中價位股票，1,000 張持有者為「大戶」、100 張以下持有者為「散戶」。

圖2　高力股價上漲過程中，籌碼往大戶集中
——高力（8996）日線圖

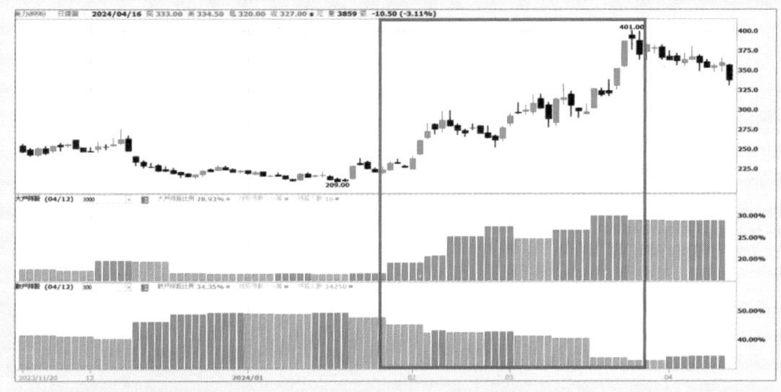

註：資料時間為 2023.11.20 ～ 2024.04.15
資料來源：XQ 全球贏家

在個股股價上漲的過程中，如果看到籌碼明顯往大戶集中，而散戶的持股比率明顯下降，代表籌碼集中不凌亂，反而可以安心抱股甚至加碼。以 2024 年年初觀察到的熱處理廠高力（8996）為例，搭配 K 線圖與籌碼狀況可以看出，高力股價上漲的過程中，大戶持股比率從 16% 上升到 30%，而散戶持股比率則從 47% 下降到 33% 以下，顯示籌碼從散戶手中流往大戶手中（詳見圖 2）。

除了使用免費看盤軟體「XQ 全球贏家（個人版）」觀察籌

碼之外，通常我還會善用免費網站「神秘金字塔」（https://norway.twsthr.info/StockHolders.aspx）來觀察個股籌碼流通狀況。只要在該網站輸入股票名稱或代號，就可以查詢到每週、每月的大股東持有率及總股東人數持有率等資訊。總股東人數愈多，代表散戶多，而持有 400 張股票～ 800 張股票，甚至千張股票的比率增加，就是籌碼往大戶集中，十分簡單、直覺與好用。

同樣以高力為例，利用「神秘金字塔」可以看出，400 張以上大股東持有率自 2023 年年底逐步攀升，代表籌碼集中在大戶之手，籌碼不凌亂（詳見圖 3）。如果大戶持續買進持有這檔個股，當然代表看好個股後市，心態偏多。假若你手中剛好有這檔個股，一方面安心，另一方面也許可以考慮適當追價，賺取更多利潤。事實證明，2024 年 1 月 2 日高力收盤價 219.5 元，2024 年 3 月股價重新挑戰 400 元。你看，站在巨人肩膀看籌碼變化，是不是很有用？

主力》留意特定時間內的分點進出

投資人在追蹤籌碼時，除了觀察大戶持股和散戶持股的變化之外，還可以留意主力分點。這部分的觀察與追蹤方式比較複

圖3 高力籌碼集中在400張以上大戶手中
——高力（8996）日線圖

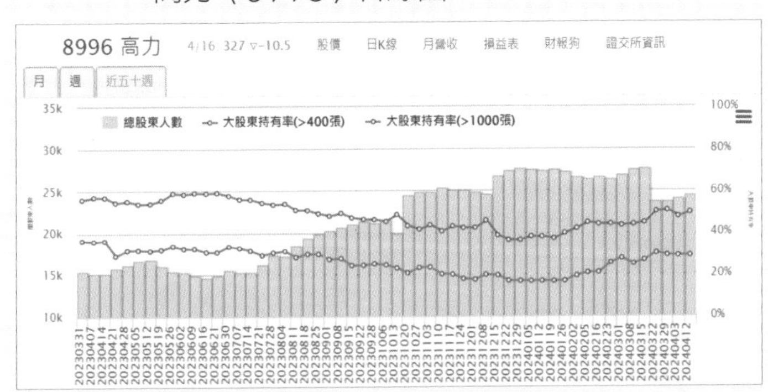

註：資料時間為 2024.04.16
資料來源：神秘金字塔

雜，但若簡單來說，就是透過軟體得知「某一段時間」內的籌碼變化。

所謂的「某一段時間」可以由使用者自行調整設定，可以是 1 天、1 週、30 天或 90 天。觀察的重點在於這個區間內，哪個券商賣最多、哪個券商買最多，以及買賣張數多寡。觀察到主力或是特定券商有動作的時候，就可以提高警覺。

以上品（4770）為例，觀察主力分點及籌碼流向可以看出：

圖4 上品股價創高後，在大戶調節下出現修正

——上品（4770）主力分點進出

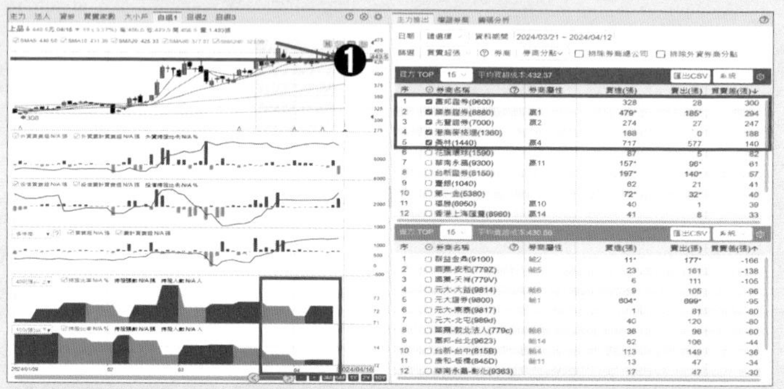

籌碼解析：2024.03.27上品股價創高後，受2024.03.28前棄權息賣壓拉回，在大戶調節下修正，所幸未破2024年3月初高點支撐（詳見❶，且法人皆未明顯調節。在大戶回補、前5大分點持續買進下，股價帶量突破下降壓力後，拉出一波攻擊，2024.04.12成功填權息。由於股價未破季線，故逢低可續偏多方思考，買黑不買紅

註：資料時間為 2024.01.09 ~ 2024.04.16
資料來源：XQ 全球贏家

1. 主力買超分點近期持股維持高檔（詳見圖 4）。

2. 外資買超 142 張、投信買超 70 張，以外資買盤為主，投信持股維持高檔。

3.400 張以上大戶籌碼回升。

經過評估後可以得出，上品整體籌碼態勢仍穩健，可偏多看待的結論。

投資人要知道，籌碼分析是重要的輔助及參考依據，需要長時間運用與觀察。當然，所謂「上有政策、下有對策」，還是會有主力躲躲藏藏隱匿行蹤，或是將股票匯撥到別的券商交易以躲避籌碼追蹤。不過，籌碼分析也是基本功，除了從中發現問題背後的問題，倘若產業及股票都是對的，長期觀察籌碼流向，還是有很大機率追蹤到潛力飆股。

2-6 貫徹交易策略和紀律 提高投資勝率

除了基本面、技術面、籌碼面、產業面、趨勢面可能影響選股及獲利，還有心理面這道「心牆」容易讓人不小心就「鬼擋牆」，把交易策略、停損紀律忘得一乾二淨，陷入我常說的「6大心理盲點」，被貪婪、恐懼、盲從、後悔、僥倖、無知推著走，然後與獲利或更高的勝率擦肩而過，最後只能自我解嘲：「衝動是魔鬼！」當然，很多人會自我反省，告誡自己下次不要再被同樣的石頭絆倒，但歷史總愛重演，魔鬼總愛來敲門。

停損是紀律，亂砍是情緒

就好像我的某位投資朋友，擁有 7 年股齡，在買賣股票的前 3 年中，雖然他會緊盯盤勢，可當手中股票股價開始下跌 10% 時，他卻總是以「不須緊張」為藉口，說服自己股價會漲回來。

然而股價並未漲回來，反而繼續下跌，等股價下跌超過 20% 後，他開始緊張了，但數天後他變得麻痺，再次自我安慰，「再等等吧，股價應該會漲回來。」

可天不從人願，股價仍持續下跌來到 30%，此時他的內心出現天人交戰，不斷猶豫到底要續抱還是停損，後來終於在虧損約 35% 的情況下，因壓力太大加上恐慌而無奈認賠殺出。

之後，等到內心比較釋懷投資失利時，他會自我反省：為何不能早點停損、減少損失，但下一次遇到股票虧損時，35% 認賠殺出的歷史又會再度上演。

7 年過去，他終於了解，在獨自學習投資的過程中，雖然已有透過上網觀看理財頻道及相關書籍學習，但仍需要有人分享正確的投資或操作心法，針對他的操作迷思提出針砭之道。

後來他聽到隊長分享的投資心法與法人觀點，才發現原來自己並未貫徹停損紀律，在經過系統化學習與修正之後，他終於從過去的虧損 35% 認賠殺出，逐漸調整到 20%，甚至 10% 就停損出場，避免大跌大賠，股市總資產也因而有了向上成長的機會。

他坦承，停損一直是自己的心魔，過去的他總認為停損就是承認投資失敗，需要面對自我懷疑、否定、責備等內心煎熬，所以他以逃避面對停損以及不願意停損的方式硬著頭皮撐下去，後來懂得停損或換股操作，成功挽回之前的虧損。累積幾次的成功經驗後，他終於領悟：「停損是策略上的實力保留，為下次投資獲利做準備。」

很高興這位投資人可以「證道成佛」，但是，還有很多投資人仍在「苦海」邊徘徊，尚未上岸。我知道，瓊瑤筆下「那顆無處安放的心」很難控制，就跟「剁手也要買」一樣，甚至有人玩笑說「戒癮」很難，還會出現戒斷症候群，千叮嚀萬交代自己「不要買、不要賣、再等等」，內心卻很焦慮，總擔心沒有跟上大部隊，一定會少賺，或是因為不願意承認錯誤或失敗而站在原地等三振。然而解鈴還須繫鈴人，前面說的多練習、刻意練習很重要，只要 10 次中有 5 次「刻意練習」成功，就能慢慢提高勝率，和心魔說再見。

另外有位投資人，雖然沒有被心魔困擾，卻苦於投資報酬率無法有效提升。最開始接觸投資時，他先學習父親的選股模型，也學會 K 線、籌碼與技術分析，所以不至於像多數投資新手般花錢買教訓。

後來他發現自己在選股上出現盲點，就算好運發現飆股，也可能只是曇花一現，他意識到自己在基本面、產業面知識猶有不足，以至於雖有穩定獲利，卻也常望著錯過的飆股感嘆沒買到或買太少。

後來他改變了投資方式，注意到不錯的標的後，會盡量閱讀公司和產業相關資料，嘗試推估該檔股票今年的獲利和可能配發多少股利，找到最合適的買入價位，同時配合技術分析與籌碼分析找買點，投資勝率好了不少，這幾年處於獲利穩定成長的階段。

他體悟到，不論人生還是投資，起伏波動在所難免，要練習放下那些過程中的失敗和不愉快，將其轉化成下次做出不同選擇的養分，而且要耐心累積自己的能量，等機會來臨，一切努力都能開花結果。

其實在投資當中，停損是非常重要的一環，它可以讓投資人即時止血，保留元氣，才能東山再起。而多數投資人無法停損，一方面是因為心理的坎過不去，另一方面是因為不確定何時該出場、應該怎麼做。前者需要投資人自己化解，但後者有幾個方法可以應對：

發現股票漲勢不如預期，務必果斷決定去留

先釐清手中持股的買進價、目前股價處於何種位階，以及當初買進個股的理由是什麼。若發現股票漲勢不如預期，首先應檢視這檔股票是否有足夠的基本面支撐，例如具有夠低的本益比、夠高的殖利率、營收亮眼、產業前景具潛力等。

如果手中股票基本面佳，買進點位是在本益比低或殖利率偏高的狀況下，且營收、獲利照預期發展，就不須恐慌性賣股。但若手中持股無基本面支撐，那麼停損出場會是比較好的選擇。此外也要留意，就算手中持股有殖利率的保護，仍要檢視股票的基本面和未來成長性，否則可能賺了股息，賠了價差。

除了基本面，還可以參考技術分析，抓均線、趨勢線或前波低點作支撐，若跌破設定的點位，最好停損出場。漲時重勢，跌時重質，想清楚殖利率、淨利率還有股票的根本價值在哪裡，再決定去留！

若買進理由變弱，宜考慮換股操作

即便是資深股民，也有可能馬失前蹄，慘遭套牢，因此，

投資人最常問的問題除了「應該買什麼股？」之外，就是「套牢股票怎麼處理？」比方之前有投資人哀嚎「航海王被套牢，應該認賠殺出，還是等待黎明出現？」我的建議是，從「機會成本」的角度看這件事。機會成本簡單來說就是選擇某個選項後，會失去或犧牲的代價。

舉例來說，投資人小王在 2024 年 1 月以 54 元成本價買進 20 張陽明（2609），但是他在選擇陽明這檔股票時，其實也在考慮買進 1 張 580 元的台積電（2330），後來他選擇擁抱航海王。

時間來到 2024 年 3 月 4 日，當天陽明收盤價為 48.9 元，但是台積電股價創新高，收在 725 元。撇除掉陽明帶來的虧損不說，同樣一段時間，台積電從 580 元漲到 725 元之間的報酬，就是小王這位投資人的機會成本（詳見圖 1）。

如果 2024 年農曆年過後，小王選擇壯士斷腕，先小賠殺出陽明，再用這筆剩餘資金回過頭來買進台積電，除了可以回補之前的小幅虧損，還能倒賺一筆。

「停損」和「換股」非常重要，舉這個例子就是想要告訴投資人，如果當初買進股票的理由已經變弱，或不存在時，與其繼續站在望夫崖上等待，不如尋找其他不錯的標的，完全換股操作或分批換股操作以減少損失，如果選到對的標的，比如台積電或紅到紫爆的人工智慧（AI）股，說不定還有機會將之前賠掉的錢再賺回來。

當股價位階過高，可用 2 方法因應

也有投資人困惑，如果股價一直飆漲，買不下去怎麼辦？前面提到股票價格與公司價值的看法，如果這檔飆股的位階真的已經很高，基本面、業績題材、籌碼面仍偏多，比方台積電，挾半導體題材與先進製程優勢，法人甚至喊到 1,080 元，就算在之前的套房價 688 元買進，如果未來產業趨勢不變，甚至更好，公司獲利與營運值得樂觀期待，也可以選擇勇敢追股；反之，沒有好理由支撐，或者不想承擔風險，又或是認為再漲空間有限的人，也可以保守因應。

①絕對金額停損法

買進某一檔股票時，心裡已經想好停損金額，例如買進 100 萬元持股，心裡接受的絕對損失是 5 萬元，那麼就把這個「絕對金額」當作停損點，看到虧損 5 萬元就立刻停損出場。

圖1 沒停損陽明，同時也錯失台積電
——陽明（2609）vs.台積電（2330）日線圖

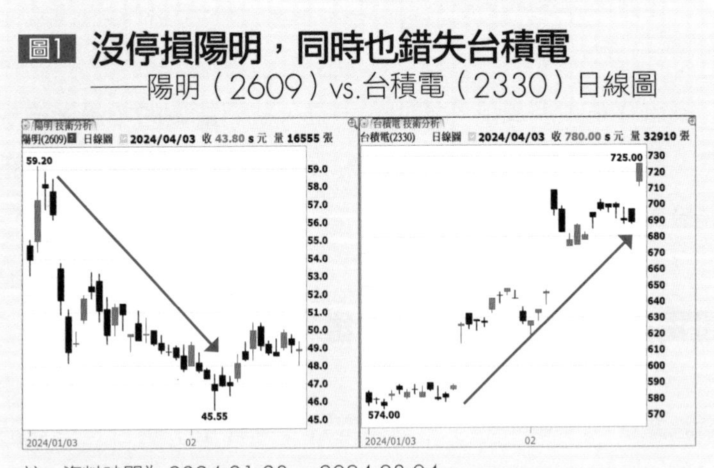

註：資料時間為 2024.01.03 ~ 2024.03.04
資料來源：XQ 全球贏家

絕對金額停損法跟股票的高低基期有關，也和個人的風險承受度有關。

②絕對報酬停損法

絕對報酬率停損法則是按照下跌比率來停損，例如設定 -10% 停損、-15% 停損，百分比高低取決於個人的承受能力。我自己的絕對報酬停損法設定，是整戶報酬率達到 -10%。當虧損來到設定值時，一定要花時間檢視到底是哪裡出了問題，是產業面、基本面、題材、族群、籌碼、線型還是其他問題，比方市場資金撤離或國際局勢動盪、本益比修正等等。

股市存在太多風險和不可預測性，我們能做的是最好的規畫、貫徹交易策略，並遵守停損與停利紀律，逆風來臨時，迅速檢討並擬出因應對策。

進場前要做好功課，出場後就別再糾結

股票或砍或留，除了看基本面等「好理由」是否具有説服力，年齡、持股水位與現金配比也至關重要。我的建議是，隨著年歲增長，除非家有恆產，而且口袋夠深，否則投資風險性高的資產配比應該逐漸下降。年齡愈長愈適合風險較低的穩健理財方式，寧願賺少一點或不獲利，也要避免賠掉手中握有的資金。

當然，雖説停損是紀律，但是如果在進場買股前能謹慎小心，看準再下手，基本上也不會動用到停損機制。所以，從源頭管理的角度來説，投資人在做買進決策前就應該多方考量，確定公司前景、目前價位是否夠便宜、是否有足夠殖利率保護、資金配比，以及萬一發生系統性風險應該如何因應等等，做好通盤考慮後再進場買股。

當然，也常聽到停損出場後股價飛起的案例，讓那些認賠殺出、認真執行停損的投資人吐血三公升，怕什麼來什麼，妥妥的「賣掉的股票永遠最漲，沒買的股票永遠最飆」！其實，停損或停利出場後就別糾結了，努力保持心態平衡，畢竟投資不是一下子，而是有一段長路要走。

「小傷害隨時翻本，重傷害無法翻身」，停損之後，最不應該討論的是「對錯」，不應該糾結在「我失去什麼」，而應該將重心放在「我還有什麼」。還有，賠錢時不要急著賺回來，這種心態容易讓人心急，沉不住氣，更容易做出錯誤判斷，陷入另一個惡循環。所以，努力保持平常心吧。

Chapter 3

掌握總經趨勢

3-1 觀察通膨與景氣變化一窺投資風向

我習慣由上而下（Top-Down）式的選股，先從總經面趨勢往下梳理，再找產業、公司，之後按基本面、籌碼面、技術面等指標篩選優質標的。而第 2 章藉由「產業隊長投資金字塔」提醒投資人提升選股敏銳度時，提到金字塔最下層的「總經面」包含貨幣政策、政局、戰爭等面向，指的便是影響全球經濟發展及表現的大趨勢。因此，這一章我們就來觀察影響全球投資環境與供應鏈的變數有哪些，投資人或許可以從中瞥見產業風向。

地緣政治緊張與氣候變遷恐加劇景氣、通膨惡化

2023 年下半年，美國雖然停止暴力升息，但通膨陰霾尚未完全消散，俄烏戰爭及以哈戰事煙硝四起，但就在眾人以為 2023 年全球經濟應該衰退時，全球國內生產毛額（GDP）

卻成長約 3%，通膨開始降溫，就業市場也穩穩地撐住了，而台灣股市也上漲了逾 20%。2023 年全球經濟表現樂觀，甚至超出市場預期，可惜美中不足的是，全球各地的地緣政治風險愈來愈高。

美國跨國投資銀行高盛（Goldman Sachs）在 2023 年年底發布的「2024 年中國宏觀經濟展望報告」中指出，2024 年貿易將逐漸復甦，全球經濟成長率將達 2.9%；台經院也預測，2024 年台灣經濟成長率為 3.15%。攤開全世界的經濟成長率來看，台股的預測其實名列前茅。

台灣經濟研究院景氣預測中心主任孫明德指出，利率普遍上升的滯後影響限制了 2024 年的全球經濟活動，國際主要預測機構都認為，2024 年全球經濟成長速度將較 2023 年放緩，但是全球貿易量年增率可望回升。

目前全球關注的焦點在於美國聯準會（Fed）何時開始降息，而全球市場仍受美中經濟放緩、戰爭衝突等不確定因素影響，尤其 2024 年堪稱「超級選舉年」，全球有 60 多個國家陸續舉行大選，包含台灣、美國、英國、印度、俄羅斯等，其中又以美國大選最受矚目，而新政局將會牽動未來的經濟發展及市場走向，因此投資人不得不加以留意。

全球經濟前景仍面臨諸多下行風險，如地緣政治衝擊影響經濟前景，俄烏戰爭、以哈衝突與紅海危機，使全球地緣政治環境變得更為複雜。此外，綠色科技補貼競賽恐將演變成為全球貿易戰。美歐等主要經濟體正鼓勵企業投資於清潔能源技術，以實現溫室氣體淨零排放，將與中國進行激烈競爭。如若中西方國家關係進一步惡化，西方經濟體可能提高中國進口產品關稅，而中國也可能採取如阻止稀土等綠色原材料出口的報復行動，使脫碳成本變高。預估 2024 年企業將投入更多資源推動數位轉型，驅動永續發展，邁向 2050 年淨零排放的目標。

在產業展望方面，因為終端應用市場需求回升、庫存調整告一段落，2024 年製造業多數呈現好轉態勢。國際數據資訊（IDC）最新研究指出，隨著全球對人工智慧（AI）及高效能運算（HPC）的需求呈爆炸式成長，加上智慧型手機、個人電腦、基礎設施和汽車產業的需求趨於穩定，半導體產業可望迎來新一波成長，預計 2024 年半導體市場年增率逾 20%。

而電動車產業在各國淨零政策、購置補貼、車廠積極研發布局的驅動下，也將呈現高速成長，國際能源總署（IEA）估計，

2023 年電動車占全球新車銷量的比重約為 18%，而且電動車已經走向平價化發展。

台股今年第 1 季表現亮眼的族群包含半導體、AI、重電與汽車業，與台灣經濟研究院的研究資料不謀而合。台灣經濟研究院資料顯示，展望 2024 年，半導體產業的有利因素包含庫存去化及美元強勢，不利因素則是美中摩擦不斷（如美中貿易戰）；電腦業的有利因素包含經濟回溫、整體需求逐漸回溫，客戶庫存去化，不利因素則是通膨導致預算緊縮（詳見表 1）。

至於電力業的有利因素包含 ESG（環境保護，Environment、社會責任，Social、公司治理，Governance）綠電、台電電網強韌計畫，不利因素包含地緣政治不穩定及美中摩擦不斷；汽車業的有利因素包含新冠肺炎（COVID-19）疫情干擾減緩、電動車、ESG 及汽車減碳，不利因素則是地緣政治及兩岸關係（詳見表 2）。

不過，氣候變遷引發的極端天氣事件將擾亂全球供應鏈。聖嬰現象恐加劇天氣事件，使 2024 年全球氣溫創新高；極端天氣事件亦可能導致糧食短缺，使全球供應鏈緊張，並加劇通膨上行壓力，而糧食短缺恐導致大規模移民，甚至引發戰爭。

表1 庫存去化及美元強勢有利半導體產業——2024年製造業展望

產業	有利因素	不利因素	因應策略
食品	新冠肺炎（COVID-19）疫情解除	通膨及原物料價格上漲	調整產品結構或分散來源
紡織	景氣好轉、下游庫存去化、機能服飾與快時尚當道	大廠集中供應鏈下單，大者恆大，小者堪憂	產品少量多樣、高值化
石化	景氣好轉（2024年即將舉辦奧運）、下游庫存去化	原物料成本不穩定、地緣政治不穩定	開發ESG及環保產品
醫療	新台幣貶值	經濟環境及地緣政治不穩定	導入人工智慧（AI）與流程自動化
鋼鐵	公共建設增加、地震後都更需求	中國需求不振、通膨引發原物料上漲、地緣政治不穩定及兩岸問題、環保及碳稅、碳費	產品高值化（例如減碳鋼），強化環保
電腦	經濟回溫，下游庫存去化	通膨導致預算緊縮	精簡流程，控制成本
半導體	下游庫存去化、美元強勢	美中摩擦不斷	強化現有客戶，開發其他地區業務

註：資料時間為 2023.08.04 ~ 2023.09.01
資料來源：台灣經濟研究院

表2 ESG及減碳有利汽車產業發展——2024年製造業展望

產業	有利因素	不利因素	因應策略
面板	新台幣貶值	俄烏戰爭影響歐洲經濟	策略聯盟
網通	新冠肺炎疫情疫後復甦、供應鏈回穩、下游庫存去化	通膨及原物料價格不穩定	開發新市場、客戶及產品
電力	ESG綠電、台電電網強韌計畫	地緣政治不穩定、美中摩擦不斷	分散風險，開發新市場（東南亞及印度）
機械	新台幣貶值、景氣復甦	地緣政治不穩定，如俄烏、中美、兩岸關係	多元布局，開發新客戶及領域
汽車	新冠肺炎疫情干擾減緩、電動車、ESG及汽車減碳	地緣政治不穩定及兩岸關係	產能轉移國外，提高東南亞投資

註：資料時間為 2023.08.04 ~ 2023.09.01
資料來源：台灣經濟研究院

藉由 CPI、薪資成長率，衡量全球經濟趨勢

前述各項因素都將影響 2024 全球經濟發展趨勢，連帶影響產業與供應鏈。下面我們先來看通膨怪獸與景氣對投資大環境的影響。

通膨是通貨膨脹的簡稱，指的是一般物價水準在某一段期間內，持續以相當幅度上漲，或者說等值的貨幣，購買力持續下滑。經濟學者多認為，最能夠衡量通膨的指標是「消費者物價指數（CPI，註 1）」。CPI 是由政府統計部門定期編製的指數，用來反映消費者購買的一籃子商品和服務的價格變動情況。如果 CPI 上漲，就意味著通膨存在；如果 CPI 下降，就意味著通貨緊縮（簡稱通縮）存在。

一般來說，如果通膨率（即 CPI 年增率）介於 1% ～ 3%，或平均約 2%，屬於溫和上漲，有利經濟成長，不過，過去幾年的通膨率並非如此溫和。經濟學人智庫（EIU）數據顯示，2021 年全球平均通膨率達 5.3%，2022 年更因受俄烏戰爭影響，進一步推升到 9.2%。

當物價上漲、通膨率上升時，為避免通膨率高過銀行存款率，多數央行會選擇升息，因此 2022 年、2023 年美國暴力升息 11 次，各國央行也不得不在強勢美元影響下加入升息的行列。國際貨幣基金組織（IMF）預測，2024 年，全球通膨率將降至 4.8%。

註 1：有些人會利用「個人消費支出物價指數（PCE）」來衡量通膨。

通膨陰影下萬物齊漲，加上利率調升，貨幣貶值，為了不讓荷包縮水，有些投資人開始轉而買進如黃金、加密貨幣、美國抗通膨債券（註 2）等金融商品。

從圖 1 可以看出，2019 年年底新冠肺炎疫情引爆通膨危機迄今，隨著美國聯準會暴力升息多次，美國黃金的漲勢異常驚人，但是美國抗通膨債券（註 3）的價格跌勢卻頗明顯，那是因為過去 2 年通膨已經處於高峰，加上 Fed 升息劇烈，利率 4.5% 已高於通膨上漲的 2%，代表著債券價格的跌幅已經遠遠超過原本預期要對抗通膨的息收，投資人買進根本不划算，也就缺乏吸引力。因此，光是 2022 年，美國抗通膨債券的價格就下跌近 10%，是 2008 年金融海嘯以來最嚴重的一次跌幅。這也是我說「空頭存債，就趁現在」的理由。

美國政府 2024 年 2 月底公布全美通膨率已降至 3.4%，若以過去 6 個月計算，通膨率已壓低至 2% 的目標值，至於

註 2：美國抗通膨債券（TIPS）是美國財政部發行的國庫債券，通常為期 10 年，每半年付息一次，屬於固定收益商品，其本金及票息依據 CPI 確定的通膨率隨時進行調整。

註 3：由於美國抗通膨債券的價格不易取得，故此處用 iShares 抗通膨債券 ETF（TIP）的價格走勢來做說明。

2023 年的薪資成長率則超過通膨。2023 年，美國一般勞工的週收入中位數成長 2.2%，顯示美國民眾無須憂慮高生活成本讓人無法負荷的問題。而後美國自 2023 年下半年起停止升息，市場也開始對 Fed 何時降息有所期待。不過美國在 2024 年 3 月中旬公布的 2 月 CPI 為 3.2%，略高於市場預期的 3.1%。

根據國際知名基金研究機構理柏（Lipper）的資料顯示，主要股債市場在 1994 年～ 2018 年間 Fed 升息後都有不錯的表現，因此，全世界都在期待 Fed 升息後的股債榮景。美股 4 大指數連創新高，已提前反映這種市場預期，與美股連動高的台股也正式邁入 2 萬點大關。

至於全球景氣，牛津經濟研究院首席經濟專家斯萊特（Adam Slater）預測，2024年全球經濟增長將明顯「疲軟」，而且不排除有技術性經濟衰退的可能性。經濟合作暨發展組織（OECD）預估，2024 年，全球經濟增長達 2.7%，低於 2023 年的 2.9%；IMF 預估，全球經濟增長將達 2.9%；歐洲央行則預測，全球經濟增長將達 3%。

綜前所述，投資人對於 2024 年，甚至未來 1 年～ 2 年的

圖1 2022年起TIP與黃金期貨的走勢兩極化——黃金期貨價格vs. TIP vs. Fed目標利率上限

註：資料時間為 2006.01.01 ～ 2024.04.18
資料來源：財經 M 平方

全球經濟趨勢應該已有大致的掌握與了解，不過，全球第 1 大以及第 2 大經濟體——美國與中國的經濟成長趨緩仍值得投資人多加留意。接下來在 3-2 中，我們來聊聊美國大選與 Fed 降息。

3-2 從美大選結果與降息幅度預測市場前景

前面已經提到，2024 年是超級選舉年，有 60 幾個國家將舉辦大選，包含全球第 1 大經濟體美國。一如台灣總統大選前後，有藍、綠、白「政策概念股」的預測或表態，無論是政黨輪替，或是由誰當選總統，都會直接影響國家政策，連帶的可能會影響產業發展，更別說美國的總統大選動向一向具有全球連動性，身為投資人，不能沒有一定的政治敏感度與選股聯想力。

美國總統選舉將牽動半導體產業發展

第 60 屆美國總統大選將於 2024 年 11 月 5 日舉行。前總統唐納．川普（Donald Trump）與現任總統喬．拜登（Joe Biden）這對「七老八十」的老對手將再次對決。歷史告訴我們，無論哪個政黨入主白宮，通常股市都會上漲。

美國銀行（Bank of America）的報告指出，美國政治週期通常會影響經濟週期，而大選結果也會影響私人投資。此外，幾乎每屆政府任期之初都會有新政紅利，因此，2024 年美股很有可能續漲，如果聯準會（Fed）2024 年 9 月或選前降息，或者降息次數與幅度超乎預期，大選前美股的表現可能更為強勁。不過，投資銀行高盛（Goldman Sachs）也指出，在美國總統大選的前 1 年，科技股通常表現最差，而公用事業和消費必需品則相對表現優越。

有趣的是，一如台灣的「章魚哥天玉里」（註 1），美股歷來也被視為預測大選結果的重要指標之一。歷史告訴我們，如果標普 500 指數（S&P 500）在大選年的 8 月～ 10 月上漲，可能是現任總統取得連任；若收跌，可能是競爭對手入主白宮。不論最後由誰出線，站在投資人立場，我們要關心的是總統當選人端出的政策「牛肉」如何影響經濟發展。

經濟議題是 2024 年美國總統大選的一大重點。尤其美國經濟自 2023 年以來意外表現強勁，打通膨有成，因此眾人

註 1：台北市士林區天玉里的投票結果，多次與歷年選舉結果相近，被喻為預測大選的「章魚哥」。

都在關注 2024 年會不會降息，以及何時降息。

拜登 2020 年上任後，經濟政績的確不錯，不僅美國經濟上升、失業率出現下降，疫後復甦狀況也比其他多數國家要好，但是近 2 年來高通膨、高物價的痛苦，也讓多數民眾忽略了這項政績。不過，拜登在任內簽署了《基建投資就業法》、《晶片與科學法案》、《降低通膨法案》（IRA）等重大法案，有助於基礎設施、半導體環境、綠色科技的推動與發展。建議投資人應該試著思考相關法案對台灣供應鏈的影響，以及機會與挑戰。

此外，川普任內開啟美中貿易戰迄今已有 5 年，在美國制裁中國以及美中互課懲罰性關稅的情況下，美中貿易關係更為弱化。美中關係的變化，以及兩國與全球供應鏈之間的消長與變化，也是投資人要思考的重點。只要美國對中國制裁不減，投資帶動的貿易結構轉變仍將持續。

至於美國《晶片與科學法案》對於全球半導體產業的競合、供應鏈變化可能投下何種變數，包含到美國設廠的台積電（2330），未來的發展狀況、利弊得失，都是投資人可以持續關注的焦點。

另一方面，市場也寄望於川普當選後能推出有利的政策，尤其希望川普的減稅措施可以延長甚至永久化。

雖然我們這些「吃瓜群眾」沒有美國總統大選的投票權，但別只是當作新聞看看就算，因為一場美國總統大選勢必影響美國經濟與股市表現，甚至全球金融市場與產業消長。站在台灣看世界，如果你手中正好有台積電或半導體相關股票，能不關心「美國大叔」嗎？必定不能啊。

通膨降至 2% 目標前，Fed 降息可能性低

除了美國總統大選值得投資人關心之外，聯準會的利率政策也是關注重點。自新冠肺炎（COVID-19）疫情發生後，不到 2 年時間，Fed 高唱「老鷹之歌」，連續升息了 11 次，最後 1 次升息是在 2023 年 7 月，基準利率調升至 5.25% ～ 5.5%，為 22 年新高。就連台灣央行也 5 度升息。

從 2023 年第 3 季開始，市場就開始押注 Fed 何時降息，從呼聲最高的 2024 年 3 月延到 6 月，近期又因受到通膨數據超乎預期、中東地緣政治緊張局勢影響，市場預期降息時間再度延至 9 月。而從 Fed 最新利率點陣圖顯示，Fed 官員預

計 2024 年將降息 3 次，金融市場則預估 2024 年將降息 2 次（詳見圖 1）。

由於美國 2024 年第 1 季個人消費支出物價指數（PCE）年增高達 3.7%，明顯高於前季的 2%，通膨上升的數據將讓聯準會態度更為謹慎。

不過，已經有一些經濟學家認為 2024 年可能不會降息，比如 3 月初阿波羅全球管理公司（Apollo Global Management）首席經濟學家托斯頓．斯洛克（Torsten Slok）發布的報告預測指出，2024 年聯準會不會降息，主要原因是通膨、經濟成長和股市。

美國聯準會主席鮑爾（Jerome Powell）在 2024 年 3 月 6 日出席美國國會聽證會時表示，在確信打贏抗通膨戰役之前，聯準會還不急於調降利率，如果經濟普遍按預期發展，「2024 年的某個時點開始放鬆政策限制應屬恰當」。聽起來聯準會 2024 年應該不至於繼續升息，但是也還不到降息的時候。

鮑爾的證詞也和聯準會官員口徑一致，他們認為，美國經

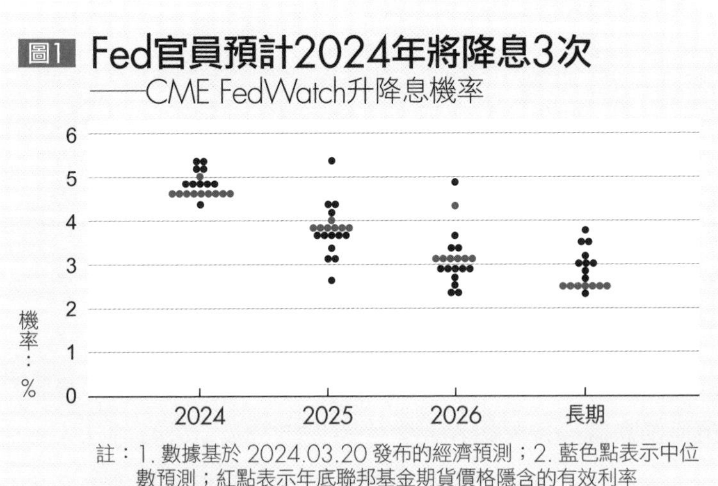

註：1. 數據基於 2024.03.20 發布的經濟預測；2. 藍色點表示中位數預測；紅點表示年底聯邦基金期貨價格隱含的有效利率
資料來源：芝商所（CME）FedWatch 工具

濟與勞動市場仍表現強勁，所以需要更多證據確認通膨穩定走向 2% 目標後，再決定降息與否。

先不論聯準會 2024 年會不會降息？何時會降息？降息幅度多大？站在投資人立場，我們應該了解降息有什麼意義，對股市、房市或其他投資產生什麼影響？降息的主要目的是希望刺激經濟成長，也可以減輕企業或個人的貸款成本，刺激投資與消費活動，有助創造就業機會、提高生產力，而降息也會讓更多資金流入市場，使整體經濟得以復甦。

對於股市投資人來說，適度的降息是利多，因為低利率會促使企業擴大投資，較低的借貸成本也有助於提升公司盈利，推升股價。此外，利率下降也會使得定存等固定收益的投報率下降，投資者將轉而尋求潛在投報率更高的投資商品，比方股市或房地產，因為利率變低，但景氣沒衰退，使得貸款成本跟著降低，房貸負擔減輕，也會吸引更多投資人買房。

這讓我想到中國為挽救走弱的經濟表現，大打寬鬆貨幣政策與降息牌，但是短期看來，還是無法吸引外資等法人資金回流。所以，降息牌奏效與否，影響的因素還是很多，投資人還是要認真觀察投資風向，才能擬定適切的投資策略。

關注國際局勢與地緣政治 調整選股名單

我在上一本著作《產業隊長張捷致富術：瞄準 5 大錢景，挖掘趨勢飆股》中有提到，2022 年 2 月底爆發俄烏戰爭，沒想到在第 3 本書即將出版時，俄烏戰爭還在打！這場戰爭的破壞性從東歐擴散至全球，因為供需失衡，能源與糧食價格因此大漲，2022 年油價迅速上漲到每桶 90 美元以上，加劇通膨問題與貨幣緊縮，讓全球經濟更為動盪。

這邊戰爭還沒結束，沒想到 2023 年 10 月又爆發以哈衝突，引爆紅海危機（註 1）。戰事延長或擴大，最壞的狀況可能導致油價暴漲與股市不穩定。如果中東緊張局勢加劇，能源價格上漲，可能削弱過去以來控制通膨的努力，也可能影響美

註 1：紅海危機指葉門胡塞武裝組織在 2023 年 10 月起，對以色列和穿越紅海的商船發動攻擊所引發的國際危機。

國聯準會（Fed）降息的步調與幅度。

站在投資角度來看，投資最不喜歡戰爭與地緣政治風險，就像台股市場多年來，「台海危機」或「兩岸戰爭隨時可能爆發」等疑慮最容易觸動資金的敏感神經，只要有任何風吹草動或聯想，資金就會光速撤離，就連俄烏戰爭也可以扯上台海危機，更遑論台灣總統大選由哪個黨派勝出，都可能引發「地緣政治風險」的無邊想像。

的確，誰會希望把真金白銀砸在火藥庫上？就連股神巴菲特（Warren Buffett）執掌的波克夏海瑟威（Berkshire Hathaway），也曾在 2022 年第 3 季砸下 41 多億美元買進台積電 ADR（註 2），卻轉頭在第 4 季賣出 86% 持股。後來巴菲特的說法是，台積電（2330）是很棒的公司，賣股是出於地緣政治考量，換句話說，這是台積電的「非戰之罪」。

然而，我認為根據安聯（Allianz）發布的「2023 年全球財富報告」所顯示的——最富有國家當中，台灣排名第 5，顯見台灣藏富於民。而台商東返後，內資充沛更是明顯。

註 2：ADR 是指美國存託憑證，是指外國公司在美國股市上市的股票。

再來，觀察台灣近幾年外資進出股市的情況可以發現，2020 年，外資賣超 5,402 億元；2021 年，外資賣超 4,539 億元；2022 年，外資賣超逾 1.2 兆元；2023 年，外資買超 2,753 億元；2024 年至 5 月 20 日，外資買超 1,208 億元。

從上述資料可以看出，台灣內資實力雄厚，因此大家可以不用過度放大外資的賣超，妄自菲薄。

對於投資人來說，雖然希望世界和平，但國際局勢我們無法掌控，唯一能做的是從國際局勢看投資趨勢，管好自己的理財大小事。所以，我們可以試著從趨勢看金融局勢，找產業方向，再選定可能的投資標的。當然，戰爭、通膨、石油上漲、升息、選舉、地緣政治之間都有千絲萬縷的關係，股票、債券、期貨、匯率、ETF、黃金、房地產、虛擬貨幣都有表現機會，如果你能提前觀察到風向，提前卡位，就能順著風起賺上一波順風財。問題是，你的投資嗅覺靈敏嗎？

案例 1》紅海危機拉抬運價，推升航運股股價

以紅海危機來說，景氣循環股中的航運股直接受惠。2023

年 12 月 18 日起，全球各大船公司陸續暫停通行紅海、盡量避開鄰近區域。在暫停紅海航線的情況下，蘇伊士運河運輸受阻，若繞行好望角航線，從遠東到歐洲航線的航程將增加約 3,300 海里，航程增加約 30%，船期也將由原先的 25 天增加至 34 天。統一投顧研究部推估，暫停紅海航線對於貨櫃航運市場實際運力的影響約 20% ～ 30%。

全球第 2 大貨櫃航運商馬士基（A.P. Moller-Maersk A/S）警告，紅海航運的混亂局面可能將持續數月之久。紅海危機導致蘇伊士運河航運中斷，另一個貿易要道巴拿馬運河也因為受乾旱影響，航運量大幅縮減，導致運價呈現反彈，像是用來觀察中國上海港口出發的貨櫃運價水平的指標──上海出口集裝箱運價指數（SCFI），在 2023 年年底時創下新高價（詳見圖 1）。

海運業依貨品種類及船舶設備的不同，可以再分為「貨櫃航運」及「散裝航運」兩大類。貨櫃航運以定期航線為主，載運貨品多為工業製成品，與全球消費市場的連動性高。此外，由於貨櫃航運業的大宗成本之一為石油，因此該產業對油價高度敏感，油價走勢、運力平衡、收取附加費與否等，都會大幅影響其獲利。

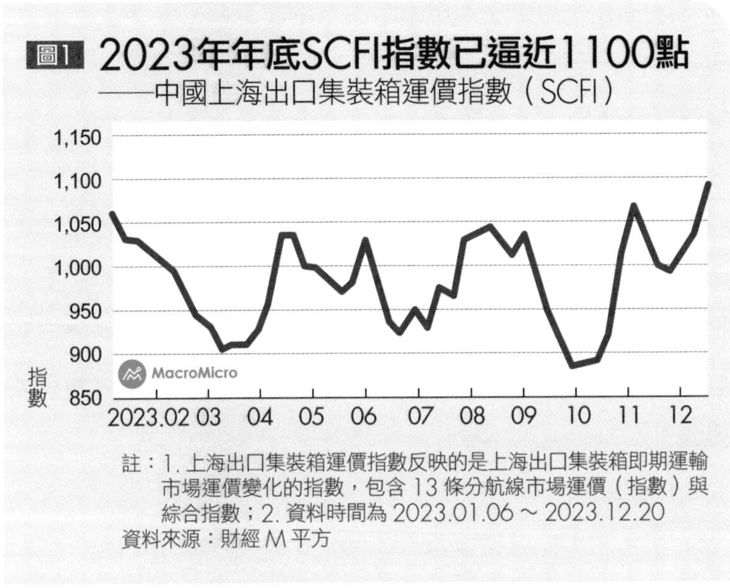

註：1. 上海出口集裝箱運價指數反映的是上海出口集裝箱即期運輸市場運價變化的指數，包含 13 條分航線市場運價（指數）與綜合指數；2. 資料時間為 2023.01.06 ~ 2023.12.20
資料來源：財經 M 平方

一般農曆年過後為淡季，第 3 季起進入旺季，屬於景氣循環股，台灣知名的航運公司，如「貨櫃三雄」長榮（2603）、陽明（2609）及萬海（2615），即為景氣循環股。由於紅海危機使得多家國際貨運公司繞道行駛，運價喊漲，貨櫃三雄股價也順勢飆高。當時有不少投資人搶當「航海王」，而我也有在當時觀察相關類股走勢。

舉例來說，我在 2023 年 12 月 22 日觀察長榮各面向的狀況。從技術面來看，長榮股價站在所有均線之上，短線技術面偏多看待，近期成交量配合股價上漲而增加，呈現價漲量增，量價配合得宜（詳見圖 2）。

在這種情況下，投資人短線上可以先用 5 日均線做觀察，在未跌破 5 日均線之前都會繼續維持強勢多方，跌破 5 日均線可能會開始整理；波段觀察月均線，沒有跌破月均線之前都是維持波段偏多格局，若股價跌破月均線，波段就會開始轉弱。

從籌碼面來看，長榮的外資持股 31.51%、投信持股 5.7%，顯然法人都是近期才介入這檔股票，所以籌碼面正向看待。如果後續法人出現明顯由買轉賣的動作，就要留意動能消失後的修正，尤其是關鍵籌碼「投信」的動態，因為相對於外資，投信這波的買超籌碼相對較集中。

至於大戶持股變化，長榮 400 張以上大戶持股 64.51%、100 張以下散戶持股 29.8%，大戶籌碼續增，所以對於大戶持股的籌碼面偏正向看待。

若投資人後續有持續觀察籌碼變化，可以發現長榮 400 張

圖2 2023年年底時，長榮短線偏多看待
——長榮（2603）日線圖

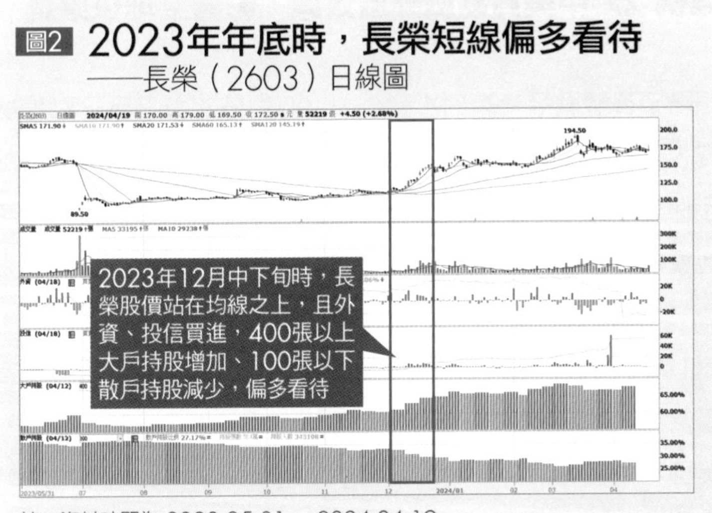

註：資料時間為 2023.05.31 ~ 2024.04.19
資料來源：XQ 全球贏家

以上大戶持股明顯增加、100 張以下散戶持股持續減少，顯示籌碼集中在大戶手中，而長榮的股價也在 2024 年 3 月 13 日盤中續漲至 194.5 元。

上述長榮這個案例，就是我從總體經濟到產業趨勢，由上而下（Top-Down）找到的潛力股。如果你是具有世界觀而且嗅覺敏銳的投資人，一定可以像我一樣，找到不少投資機會與優質標的，掌握波段利潤。

案例 2》中美貿易戰外溢效果，影響全球供應鏈

除了實體戰爭帶來的影響外，沒有煙硝的貿易戰，也是投資人可以觀察的重點。貿易戰是指兩個或多個國家之間，為了保護本國產業或達成經濟目標，而互相徵收關稅或實施其他貿易限制措施的情況。

1989 年 11 月 9 日，象徵「冷戰時代」的柏林圍牆好不容易倒了，沒想到在 30 年後，全球第 1 大及第 2 大經濟體——美國和中國竟然又開始「築牆」。近年來美中貿易戰愈演愈烈不說，還引發了外溢效果，逼得各國都得選邊站，連帶影響全球供應鏈。

比方 2022 年美國總統喬・拜登（Joe Biden）簽署的《晶片與科學法案》，提供數百億美元的新資金，希望促進美國半導體的研究與製造，因而投入 520 多億美元用於半導體研究，主要目的在於對抗中國。此法案對美國建立完整的半導體自主供應鏈有利，也有利於美國重掌世界半導體領頭羊地位，但是卻導致通膨更嚴重、美國企業失去中國市場，也加劇國家競爭與世界分裂，功過有待後人評說。此外，美國還祭出《降低通膨法案》（IRA），投入 1 兆美元的補貼及租稅優惠。

事實上，從美國前總統唐納．川普（Donald Trump）任期內，已經帶領美國走向「保護主義」之路，祭出出口禁令、進口關稅、投資限制。英國《經濟學人》指出，保護主義將繼續盛行於 2024 年，並且改變全球貿易，但是全球貿易並不會因此而減少，中國長期保護國內晶片製造商及汽車產業的立場也未曾改變。

全球各國都有或大或小的貿易戰爭在開打，只是，美、中兩國站在舞台 C 位，仍是全球關注的焦點，後續影響值得關注。全球經貿競爭將帶來何種骨牌效應？或產生新一輪貿易競賽？作為「吃瓜群眾」的我們，只能繼續看下去。我們能多加關注的是，全球貿易戰帶來何種機會與挑戰，比方受貿易戰影響的企業或供應鏈如何因應，對於企業營運及獲利產生何種影響，是否對手中持股帶來不利影響，或有企業因此受惠，然後靈活調整投資及選股策略。

3-4 了解能源轉型與綠色通膨 嗅出利多題材

前面提到通膨與升息，讓一般人對物價上漲、房貸支出變高、營運成本提高非常有感，而後隨著全球央行打通膨有成，基本上這波由新冠肺炎（COVID-19）疫情引爆的通膨問題可望暫時解除危機，只待另一個降息循環的開始。不過，除了前面提到的通膨種種，其實還有一種通膨危機是很多人尚未意識到的，那就是「綠色通膨」。

推行綠色經濟、節能減碳速度過快，恐引發通膨

綠色通膨是指在全球推動綠色經濟、實施節能減碳政策的背景下，因應氣候變遷而採取的措施，導致生產成本上升，進而推升物價的現象。

目前全球已有 130 個國家喊出將致力於 2050 年達成「淨

零排放」目標，引發了另一波能源轉型熱潮。而在全球大力推動綠色經濟、節能減碳政策之際，不僅電動車產業快速發展，乾淨能源、再生能源等綠電的落地速度也愈來愈快，帶動相關產業蓬勃發展，卻也因此導致企業外部成本內部化，進而推升原物料與終端價格，形成另一種「綠色通膨」，亦有人稱之為「氣候通膨」。

各國在推動能源轉型政策的情況下，同時也將在短期內付出許多綠色成本。

經濟學家指出，全球推動綠色經濟、節能減碳政策，加速以新的綠色經濟服務及產品取代舊有模式之際，也同時推升了原物料、金屬及農作物等價格，當企業必須將外部成本內部化時，也會將上升的成本轉嫁給上、下游供應鏈以及消費者，進而推升物價，引發全面性通膨。

歐洲央行執行委員伊莎貝爾・施納貝爾（Isabel Schnabel）便指出，目前全球正處於能源過渡階段，隨著愈來愈多公司透過綠色科技調整生產流程以減少碳排放，也代表著對金屬及礦物的大量消耗，比如電動車使用的礦物質是傳統汽車的 6 倍之多。

各國為控制淨零排放衍生成本，建立碳相關機制

考量到為了環保、永續，推動節能減碳的同時，也可能推升成本，為達 2050 年前淨零排放目標，國際間近年來興起許多與「碳」相關的機制，如：

1. 碳稅

碳定價的方式之一，由政府為二氧化碳（CO_2）排放量決定固定價格（稅額），計價單位為「公噸」。

2. 碳費

碳定價方式之一，由台灣政府依《氣候變遷因應法》徵收，並納入溫室氣體管理基金的費用。其他國家未有採用碳費徵收機制，台灣是目前唯一採用碳費制度的國家，2024 年開徵。

3. 碳交易

可分為「總量管制與交易」以及「基線與信用交易」兩種方式。前者由政府訂定碳排放總額上限，再將額度分配給企業，並允許企業間交易配額；後者則是設定總排放量基準線，若企業減量至基準線以下，可以將多出來的額度轉換為可交易碳權。

4. 碳邊境調整機制（CBAM）

明訂出口國產品的碳含量，若超過進口國規範，進口商除須購買「碳權」外，產品也將被課徵碳關稅。

上述這幾種機制都是以「賦予二氧化碳價格」（碳定價）為前提，將二氧化碳視為一種可以交易、移轉、課稅的「商品」。

台灣於 2023 年 8 月 7 日成立「台灣碳權交易所」，為國內企業交易碳權的平台；歐盟「碳邊境調整機制」則於 2023 年 10 月試行，針對進口歐盟的產品課徵碳邊境稅，預計 2026 年正式上路。

對於產業供應鏈來說，綠色轉型或綠色製造有其成本，光是綠電的購電成本或碳稅支出就是一筆費用，比如假定碳稅稅額為 300 元／公噸，生產過程中排放 1 萬公噸的二氧化碳，那麼企業的製造成本就瞬間增加了 300 萬元；但對於政府來說，則是多了一筆碳稅稅收。

投資人若能多了解綠色經濟、能源轉型、碳稅與碳交易等題材，興許能從中嗅出投資機會，找到值得投資的標的，或者在打算持有相關股票時，可留意這部分的支出成本與未來規畫，在拜訪公司時提出相關疑問。

從趨勢看選股，從綠色通膨危機之下找機會，就能從中看出，ESG（註 1）與綠能、重電族群或缺電概念股、電動車概念股、碳權概念股等，都值得投資人多留意。

註 1：ESG 是「環境保護（Environment）」、「社會責任（Social）」和「公司治理（Governance）」的縮寫，是一種用來評估企業永續發展表現的非財務性指標。

3-5 留意氣候變遷與綠能商機 命中亮點產業

前面提到的「綠色通膨」導因於「2050 年淨零排放」目標，而「2050 年淨零排放」目標則是因應氣候變遷。氣候變遷指的是地球整體溫度長期升高，對地球產生深遠及潛在的永久影響，希望藉由溫室氣體排放極小化、負碳技術、森林碳匯（註 1）等方式抵消人為帶來的溫室氣體排放量，達到淨零排放的目標。因此，氣候變遷不只驅動能源轉型，也會連帶引爆綠能商機，帶動綠色金融發展。

如何兼顧永續發展及經濟成長，是全世界共同課題

聯合國 2024 年 1 月初發布了「2024 年世界經濟形勢與

註 1：負碳技術是指讓二氧化碳的移除量大於人為碳排放量；森林碳匯是指森林透過光合作用吸收大氣中的二氧化碳（CO_2），並將其儲存在樹木、土壤和枯枝落葉等生物質中的過程。

展望報告」，預測 2024 年經濟成長將放緩，通膨可能隨時捲土重來。除了俄烏戰爭與以哈衝突升溫，還需留意全球貿易低迷、利率仍居高不下等問題，此外，氣候災害加劇也可能不利於 2024 年的全球經濟成長。

聯合國警告，地緣政治衝突與氣候危機極端氣候事件的進一步惡化，恐將再度推升能源與糧食價格，引發通膨，尤其是南亞、西亞與非洲一帶，除了貨幣疲軟，還有氣候災害加劇的問題需要面對。氣候變遷引發的極端天氣事件在亞洲發生的頻率與強度日增，將導致東亞的經濟損失愈來愈大。

不過，聯合國報告也指出，2023 年的全球能源投資仍不足以讓各國在 2050 年前實現淨零排放目標。預估 2050 年前走向全球能源轉型，必須挹注 150 兆美元（約合新台幣 4,665 兆元）。綠色量化寬鬆政策（註 2）有助減排，還能強化金融穩定性，促進經濟發展。

許多國家正邁向能源轉型，因此陸續推動相關法案，如美

註 2：綠色量化寬鬆政策是將流動性注入特定的綠色產業（如再生能源、低碳運輸等），並排除棕色資產（即高碳資產）。

國聯邦政府於 2023 年 8 月通過《降低通膨法案》（IRA），是美國有史以來投資於氣候和能源解決方案上最大的一筆投資，重點包含推動綠能租稅減免、促進綠能車及家電開發，注重綠能交通、農業與建築；建立綠能銀行贊助氣候變遷事項等。預計增加 250 GW（百萬瓩）的風電、475 GW 的光電及 1,400 萬輛電動車。

能源轉型任重而道遠，從美國綠能推動計畫不難看出政策對能源轉型與綠能發展的重要性，以及其中將帶動的綠色商機。

國際金融穩定委員會（FSB）2017 年 6 月發布的《氣候相關財務揭露建議書》（TCFD），建議企業應於財報中揭露氣候變遷帶來的風險與機會，以及氣候變遷對公司財務上的影響；歐盟委員會技術專家組（TEG）2019 年 6 月發布的《歐盟可持續金融分類方案》，則鼓勵市場投資於注重永續成長、能應對氣候變遷的企業。關心綠色支出與綠色商機的投資人也可以從企業財報或各類公開資訊中蒐集相關數據。

市場對綠色固定收益工具的需求日益提升

隨著環保、綠能、永續發展意識抬頭，以及綠色商機湧現，

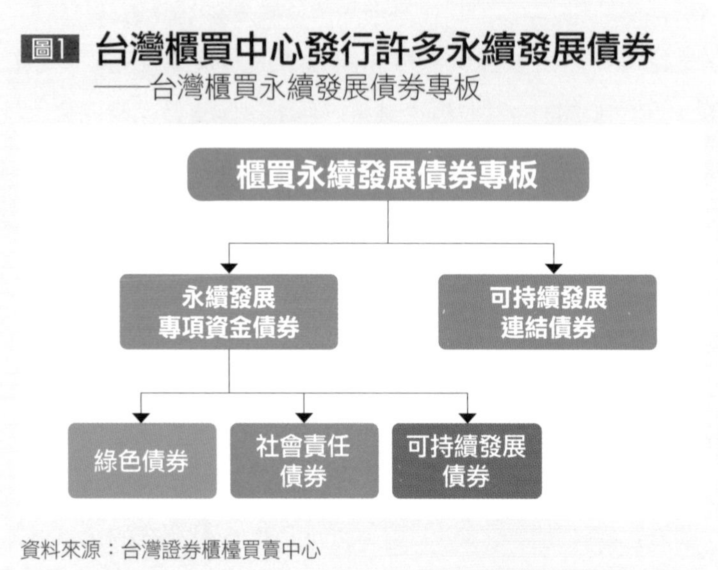

愈來愈多投資人尋找符合 ESG（環境保護，Environment、社會責任，Social、公司治理，Governance）原則的投資機會，市場上對於綠色固定收益投資工具的需求也日益提升。

因此，市場上出現債券募集資金全部用於綠色投資計畫的「綠色債券（Green Bond）」、債券所募集資金應用於債券發行時所指定用途的「專項資金債券（Use of Proceeds Bonds）」，以及各類永續發展債券，如台灣證券櫃檯買賣中

圖2 綠色投資計畫資金用於可改善環境之項目
——綠色投資計畫資金用途

再生能源及能源科技發展	能源使用效率提升及能源節約	溫室氣體減量
廢棄物回收處理或再利用	農林資源保育	生物多樣性保育
污染防治與控制	水資源節約、潔淨或回收循環再利用	其他氣候變遷調適或經本中心認可者

資料來源：台灣證券櫃檯買賣中心

心的「櫃買永續發展債券專板」列出的債券種類（詳見圖1）。

1. 綠色債券（Green Bond）

綠色債券是指將發行人所募集的資金全部用於綠色投資計畫（詳見圖2），如再生能源及能源科技發展、能源使用效率提升及能源節約、溫室氣體減量、廢棄物回收處理或再利用、農林資源保育、生物多樣性保育、污染防治與控制等的債券。

2. 社會責任債券（Social Bond）

社會責任債券是將債券所募集的資金全部用於社會效益投資計畫。

3. 可持續發展債券（Sustainability Bond）

可持續發展債券是將債券所募集的資金全部用於綠色投資計畫及社會效益投資計畫。

安侯建業（KPMG）發布的 2023 年第 1 季「創投脈動：全球創業投資分析」報告指出，2023 年第 1 季全球前 10 大獲投金額排名中，替代能源（包括電動車）占了一半（5 席），包含第 2 名的潔淨科技新創公司 Generate、第 3 名的電動車新創公司 Zeekr、第 6 名的再生能源、碳權、水權等環境資源交易所 Xpansiv、第 8 名的潔淨能源科技新創公司 SolarSpace，以及第 10 名的潔淨能源科技新創公司 EcoCeres。而他們在 2023 年第 4 季的報告中則進一步指出，與自駕車相關的人工智慧（AI）解決方案出現放緩趨勢，促成自駕車製造商和人工智慧移動平台之間的合作，也將導致自駕車領域出現整合現象。

受俄烏戰爭、通膨、地緣政治等因素影響，加上長期氣候變遷與淨零轉型需求驅動，替代能源早已成為資金市場的寵兒，也是創投高度關注的焦點。其中，與再生能源、儲能電池與電網、碳捕捉及利用與封存、綠色氫能、新一代核能等領域相關的新興科技，更是受到投資人高度青睞。由此可驗證，與氣候變遷及淨零排放趨勢高度相關的能源、資源與環境等新創投資正逐漸成為顯學，吸引市場資金。

看到這裡，投資人除了意識到氣候變遷與能源轉型這個影響全球的長期大趨勢，是不是也從中看出可能吸引市場資金的投資項目？套用到股市上，當然也可以從中篩選出與淨零排放、能源轉型、綠色商機及綠色金融（如債券）相關的潛力族群。

基本上，若是從大環境變數及未來趨勢中梳理明星產業，長期我相當看好半導體、電動車、ESG 與綠能族群，以及未來 10 年的超級主流 AI；中期則看好生技醫療、營建、資安、矽智財（IP）與手機族群，這部分我會在後面幾章詳加說明。

Chapter 4

部署長線飆股

4-1 看準4大主流產業 搶占未來趨勢先機

聊完總經變數之後，接著，我們可以來看看未來的主流產業。提到主流產業，大家第一個想到應該會是「人工智慧（AI）」。

自從 OpenAI 聊天機器人 ChatGPT 在 2022 年年底橫空出世後，人們可以自由提問並獲得回應的未來感，讓全世界驚豔了一把，大家都在看生成式 AI 的下一步應用。根據網路分析平台 SimilarWeb 分析，截至 2023 年 10 月，ChatGPT 全球造訪量約 17 億次。顯示 ChatGPT 影響力驚人，在短短 1 年內就累積了龐大的用戶群。

2024 年 2 月，OpenAI 再拋震撼彈，表示 AI 模型 Sora 能夠根據文字生成影片。從該公司公布的影片可以看出，Sora 可根據一段文字直接生成點題的影片，顯然 AI 的語言理解能力更上了一個台階，有人不禁驚嘆：好萊塢的時代要結束了。就連時常唱衰 OpenAI 的特斯拉（Tesla）執行長伊隆．馬斯克（Elon Musk）也承認 Sora 很強大。

有報導指出，OpenAI 正著手開發兩款革命性的 AI Agent（AI 代理人），而其執行長山姆．阿特曼（Sam Altman）則有意投入半導體生產，預計籌資數兆美元重塑全球半導體產業，打造 AI 帝國。事實上，臉書母公司 Meta、Alphabet 旗下的谷歌（Google）、Runway AI 等領頭羊早在 Sora 之前就開發了文字轉影音的生成器。未來各路神仙會如何相互競爭求進步，讓我們拭目以待。

AI 的成功，背後有很大一部分是靠半導體支撐，而這正是台灣公司的強項。在「AI」和「半導體」的加持下，台股飆出了 2024 年 4 月 10 日 2 萬 883 點的新高點（詳見圖 1），這兩者也是我相當看好的長線主流產業，另外，電動車、ESG（環境保護，Environment、社會責任，Social、公司治理，Governance）與綠能，同樣值得投資人關注。

下文中，我會先為大家概略介紹各長線主流產業，後面再詳述各產業的相關個股。

產業 1》AI

AI 即人工智慧，可以模仿人類的認知功能，藉由使用者不斷輸入資料獲得累積的知識庫，再透過生成式學習，快速且精準地做出決策及回應。

AI 供應鏈包含上、中、下游各類企業，如原料廠、零組件廠、組裝代工廠、品牌廠、軟體服務廠等，整合上、中、下游業者成為一條龍供應鏈，終端消費者才能享受 AI 所帶來的各式產品及服務。

上游與中游為各類關鍵零組件硬體廠，其中居於 AI 供應鏈中重要地位的硬體設備就是伺服器，AI 演算法的執行速度、精準度以及 AI 系統的穩定性均須靠伺服器「運籌帷幄」，至於下游方面，主要是軟體服務廠（詳見表 1）。

超微半導體（AMD）董事長暨執行長蘇姿丰（Lisa Su）2023 年旋風來台時曾說，看好 AI 將帶動未來 10 年的產業發展，未來每一種產品、服務、業務都將受到 AI 的影響，而台灣的半導體生態系統令人驚豔，AI 供應鏈概念股的未來注定很精彩。

圖1 2024年AI、半導體助攻，台股一路走升
——加權指數日線圖

註：資料時間為 2023.06.02 ~ 2024.04.12
資料來源：XQ 全球贏家

產業 2》半導體

半導體就像是電子產品的「大腦」，負責接收、處理和傳輸電子訊號。半導體產業鏈上游為矽智財（IP）設計及IC設計業；中游為 IC 製造、晶圓製造、相關生產製程檢測設備、光罩、化學品等產業；下游則為 IC 封裝測試、相關生產製程檢測設備、零組件（如基板、導線架）、IC 模組、IC 通路等產業。

提到半導體，就不能不提到台灣的護國神山台積電

表1 台灣有多家廠商是AI供應鏈的一環

◎AI上游供應鏈——技術研發及硬體製造

技術研發及硬體製造	代表業者
中央處理器（CPU）	英特爾（Intel）、 超微半導體（AMD）
圖形處理器（GPU）	輝達（NVIDIA）、AMD、Intel
動態隨機存取記憶體（DRAM）	三星（Samsung）、 SK海力士（SK Hynix）、 美光（Micron）
IC設計／矽智財（IP）	世芯-KY（3661）、 創意（3443）、智原（3035）、 M31（6643）
網通／光通訊／矽光子共同封裝光學元件（CPO）	智邦（2345）、上詮（3363）、 華星光（4979）
伺服器遠端管理晶片／基板管理控制器（BMC）	信驊（5274）、新唐（4919）
高速訊號傳輸介面	譜瑞-KY（4966）、 祥碩（5269）、創惟（6104）
晶圓代工／先進製程晶圓代工	台積電（2330）
封裝測試／先進封裝CoWoS	日月光投控（3711）、 萬潤（6187）、均華（6640）、 辛耘（3583）

◎AI上游供應鏈——關鍵零組件

關鍵零組件	代表業者
印刷電路板（PCB）	金像電（2368）、博智（8155）、健鼎（3044）
高速銅箔基板（高速CCL）	台燿（6274）、台光電（2383）、聯茂（6213）、金居（8358）
伺服器機殼	勤誠（8210）、偉訓（3032）、營邦（3693）、晟銘電（3013）
CPU插座	嘉澤（3533）
電源供應器	台達電（2308）、光寶科（2301）
散熱	奇鋐（3017）、雙鴻（3324）、建準（2421）、健策（3653）
ABF載板	欣興（3037）、南電（8064）、景碩（3189）

◎AI中游供應鏈——伺服器

伺服器	代表業者
伺服器品牌廠	戴爾（Dell）、惠普（HP）、美超微（Supermicro）、聯想（Lenovo）、技嘉（2376）
伺服器代工/組裝廠	緯穎（6669）、鴻海（2317）、廣達（2382）、英業達（2356）

◎AI下游供應鏈——軟體服務及AI應用

軟體服務及AI應用	代表業者
大型雲端服務業者	亞馬遜（Amazon）、微軟（Microsoft）、谷歌（Google）、Meta
AI公司	OpenAI、DeepMind
高效算力服務	台智雲（TWSC）

（2330）。過去 2 年，台積電在國內外擴廠頻頻，因未來 AI 需求龐大，需要 2 奈米、3 奈米以下的高階晶片製程因應，這是台積電積極擴充產能的關鍵。台積電不僅在高雄、中部科學園區管理局（簡稱中科）、嘉義，也在美國、日本、德國同步設廠，其中日本熊本廠已於 2024 年 2 月 24 日開幕。

相較於台積電的對手——美國英特爾（Intel）、韓國三星（Samsung），台積電更專注於晶圓製造及高階製程的開發應用，因此能以超強的技術領先其他對手，成為各國政府及龍頭業者拉攏的企業。

事實上，在龍年台積電股價狂飆之前，台積電總裁魏哲家已經在 2024 年 1 月 18 日的法說會上宣告，AI 帶來的機會，將從 2024 年開始長期推動台積電的下一波大成長。法說會的 5 個重點包含：

①台積電 2024 年將重返成長軌道。
② AI 需求超出預期，而且才剛開始。
③台積電技術領先將持續到 2 奈米世代。
④海外建廠按計畫進行，台灣加碼蓋新廠。
⑤資本密集度趨穩，台積電進入收割期。

圖2　2024年年初，台積電股價不斷創高
——台積電（2330）日線圖

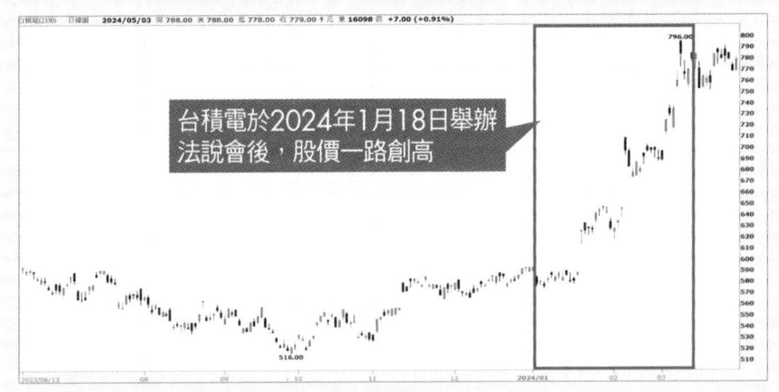

註：資料時間為 2023.06.13 ～ 2024.03.29
資料來源：XQ 全球贏家

魏哲家表示，他對 2024 年展望抱持著相當樂觀的看法，預期全球半導體產業在擺脫庫存劇烈調整的挑戰之後，全球半導體市場（不含記憶體）將會成長超過 10%、晶圓製造產業將會成長超過 20%，2024 年營收也將較前 1 年成長 21% ～ 26%。而台積電財務長黃仁昭也表示，2024 年高效能運算（HPC）、物聯網（IoT）、車用和手機等 4 大平台都會成長。1 月 18 日舉辦法說會當天，台積電的收盤價為 588 元，到了 3 月 6 日當天盤中已創下 738 元新高價（詳見圖 2）。

隨著台積電股價衝破 730 元，市值也突破了新台幣 19.06 兆元關卡，投資銀行摩根大通（J.P. Morgan）在 3 月 7 日亦將台積電目標價從 770 元上調到 850 元，調整幅度超過 10%。到了隔天 3 月 8 日，台積電股價又再創新高，盤中來到了 796 元新高價，摩根士丹利（Morgan Stanley）證券隨後也將台積電目標價調升至 850 元，並且樂觀上看 1,080 元。

台積電是最純正的 AI 概念股，未來是不是可能成為千金股，這部分我們可以樂見其成，但不多加臆測。如果趨勢與產業前景都開綠燈，其實我們不用太擔心是不是馬上要紅燈了而不敢過馬路，喜歡價值型投資的中長線投資人還是可以趁股價拉回時斟酌買進。

受惠於近期台積電「積」情四射，台積電概念股們也跟著嗨起來，AI 神助攻加上產業趨勢向上，台積電供應鏈上的好積友們不用擔心未來股價會寂寞，比方最吃緊的先進封裝 CoWoS 相關的弘塑（3131）、萬潤（6187）、均華（6640）等，還有上品（4770）、兆聯實業（6944）、閎康（3587）、漢唐（2404）等，各有各的題材，近期都有不錯的表現。

產業 3》電動車

電動車是指以電能驅動的車輛，包括純電動車、混合動力車和燃料電池車。第 3 章中提到的氣候變遷、「2050 年淨零排放」目標、政府補貼政策、貿易戰等，都直接或間接地與電動車趨勢有關。而電動車供應鏈當然也包含晶片，故而台積電在這個主流趨勢裡也很有戲。

根據工研院資料顯示，2023 年，中國車市在第 1 季晶片荒略微緩解下，帶動 2023 年銷售量達 2,700 萬輛，年增 3.9%；美國車市隨著車廠產能回穩及購車折扣、優惠刺激買氣，預估銷售較前 1 年成長 9.9%；日本銷售估年增 16.3%。整體來看，2023 年全球電動車銷售量達 8,660.8 萬輛，年增 6.1%。2023 年電動車銷售量占比，前 5 名依序為中國（32.2%）、美國（18.2%）、印度（6%）、日本（5.6%）、德國（3.9%）。

彭博新能源財經（Bloomberg New Energy Finance）指出，2024 年的電動車市場宜觀察 7 個變化：①電動車成長率趨緩、②純電動車製造商將繼續占據主導地位、③中國製造商加速向國際擴張並進軍歐洲、④電動卡車市占率之爭白熱化、

⑤更換電池服務崛起、⑥電池的化學成分將有所改變、⑦政府的電動車獎勵及補助措施將有所改變。

智璞產業趨勢研究所則認為，2023 年的電動車銷量仍維持近 30% 的成長。由於電動車的早期使用者僅占約 15% ~ 16%，在 65% 的中後期消費者對價格、折扣、性價比、產品本身、後勤及生態系等疑慮未消除之前，電動車的滲透率可能無法有效提升，這也是為什麼 2019 年電動車迎來前所未有的榮景，有超過 50% 的銷售成長率，但卻在 2023 年第 4 季出現反轉的原因。預估 2024 年電動車產業將走向成熟技術結合 AI 運算的發展模式。

電動車產業與 AI 當然脫不了關係，從這個角度來看，與 AI、半導體、電動車供應鏈互有連結的個股，身價自然會加乘，投資人選股時不妨從這個角度思考，當然也可以納入充電樁、特斯拉概念股、鴻海（2317）MIH 電動車聯盟等題材，找尋潛力股。

產業 4》ESG 與綠能

ESG 與綠能和氣候變遷、「2050 年淨零排放」目標、能源轉型是一體的兩面，也是全球長期努力的目標。

ESG 是一種新型態的評估指標，代表「環境保護」、「社會責任」、「公司治理」。如今多以 ESG 作為指標，評估企業是否永續經營，故 ESG 概念股，如台積電、鴻海、聯發科（2454）、中華電（2412）、中信金（2891）、統一（1216）、兆豐金（2886）等；或是 ESG ETF，如富邦公司治理（00692）、元大臺灣 ESG 永續（00850）、永豐台灣 ESG（00888）、國泰永續高股息（00878）等，也吸引投資人的目光。

隨著愈來愈多企業重視 ESG，綠能的重要性也隨之增加。綠能又稱為綠色能源、潔淨能源，是指在生產或消費的過程中對於環境相對友善、碳排放量極低的一種能源，不會造成環境污染。綠能作為一種清潔能源，可以有效降低企業的碳排放，減少對環境的污染，因此有利於企業提升 ESG 中的環境績效。

由於台灣推動非核家園，在核能廠除役後有高達 95% 以上的能源需要仰賴進口，缺電、限電問題發生時，不僅困擾民生用戶，也困擾工業用電戶，故綠能、再生能源產業因而受到重視。

ESG 延伸出來的新能源，相關個股不少，例如森崴能源（6806）、泓德能源-創（6873）、雲豹能源-創（6869）等，均有介入能源工程、太陽能光電、儲能等業務。另外當新能源產生之後，需要併入電網，就會延伸到重電相關族群，相關概念股也將成為投資人關注的焦點，例如華城（1519）、士電（1503）、中興電（1513）、世紀鋼（9958）、世紀風電（2072）、大亞（1609）、中鼎（9933）等；與太陽能相關的茂迪（6244）、聯合再生（3576）、碩禾（3691）等；與再生能源相關的綠電（8440）、再生-KY（1337）、中聯資源（9930）等。

預期未來 3 年～ 5 年，上述 4 大長線主流產業都值得投資人留意，至於有哪些口袋名單值得分享，我將在後面各章替大家做詳細說明。

4-2 AI》精選8大強勢族群 搭上行情順風車

2023 年我花了點時間梳理人工智慧（AI）產業供應鏈中最具題材的個股，那時 AI 晶片巨頭輝達（NVIDIA）的股價尚未創高，經研究後我鎖定 2023 年第 3 季業績好、市場認同且線型轉強、籌碼乾淨的 AI 族群，從前 1 章的 AI 供應鏈表格中，分別在不同供應鏈選出幾檔優質個股（詳見圖 1）：

①**晶圓代工**：台積電（2330）。

②**IC（矽智財（IP）、製程）**：創意（3443）、世芯 -KY（3661）、智原（3035）。

③**AI 伺服器（代工、組裝）**：廣達（2382）、技嘉（2376）、緯創（3231）、英業達（2356）。

④**PCB（銅箔基板（CCL）、高密度連接板（HDI））**：台光電（2383）、健鼎（3044）、金像電（2368）、台燿（6274）。

⑤網通（光通訊、矽光子、共同封裝光學元件（CPO））：上詮（3363）、華星光（4979）、智邦（2345）。

⑥散熱：健策（3653）、奇鋐（3017）、雙鴻（3324）、建準（2421）。

⑦高階導軌：川湖（2059）。

⑧機殼：勤誠（8210）、營邦（3693）。

這些個股由於搭上龍年 AI 與半導體噴漲行情列車，整體投報率表現相當亮眼，建議投資人不妨留意這 8 大族群的後續表現。

族群 1》晶圓代工

AI 晶片專為 AI 演算法而設計，可執行現場可程式化邏輯閘陣列（FPGA）、圖形處理器（GPU）與特殊應用積體電路晶片（ASIC）加速器上的機器學習工作，處理更多變數與細部運算，且處理的資料量大，遠非傳統晶片可比。在管理大量繁複資料密集型運算的工作上，AI 晶片扮演著吃重角色，舉凡高階影像處理、伺服器、汽車和手機領域都需要使用 AI 晶片。

台積電是最純正的 AI 晶片製造業者，與其大客戶輝達一樣，

圖1 台積電在AI產業供應鏈中具有核心地位
——AI伺服器由核心向外擴散的供應鏈

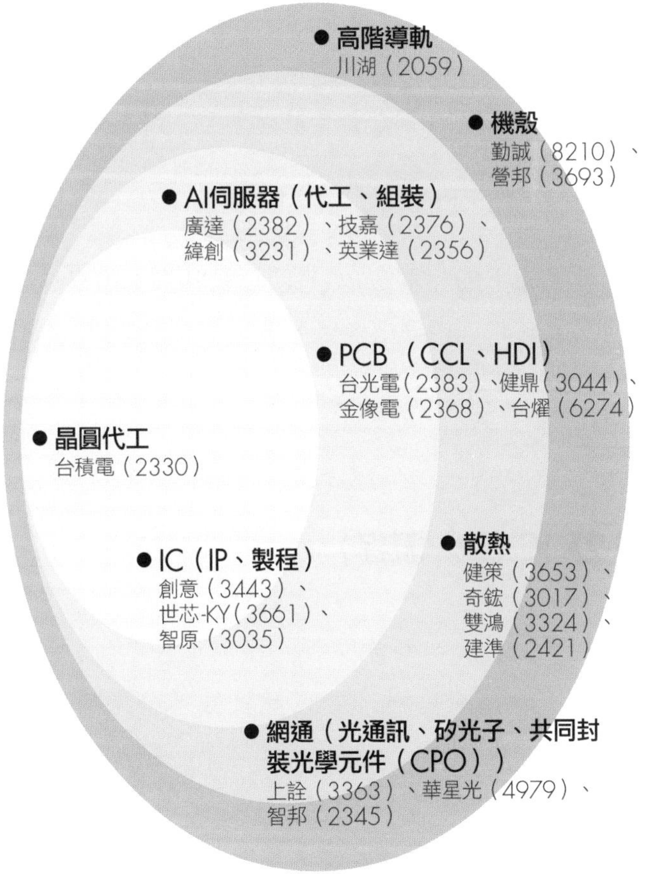

具有產業與技術領先優勢，有不可撼動的地位。不過，過去獨霸 AI 高效能運算（HPC）領域的輝達，已面臨超微半導體（AMD）MI300 系列產品線開始出貨的壓力。超微半導體 MI300A 產品的中央處理器（CPU）及 GPU 小晶片皆採用台積電 5 奈米製程，IO 小晶片則採用台積電 6 奈米製程，並透過台積電全新 SoIC（系統整合晶片）、CoWoS 等先進封裝技術進行整合。

輝達除了旗下的 H200、GH200 晶片供不應求外，還預計在 2024 年年底前推出採用台積電 4 奈米製程的 B100、GB200 等新產品。不過，不論輝達、超微半導體在 AI 晶片市場上如何激烈競爭，台積電都會是大贏家，因為訂單通吃。

族群 2》IC（IP、製程）

AI 技術已整合至半導體開發流程中，用來協助設計、驗證及測試。AI 持續發燒，為 IC 設計業者帶來商機。以 AI 伺服器來說，由於核心 GPU 為國際大廠所把持，亞馬遜（Amazon）、微軟（Microsoft）、谷歌（Google）、臉書（Facebook）母公司 Meta 等 4 大雲端服務供應商（CSP）轉而採用 ASIC 開發 AI 晶片，引爆 IP 商機，受惠業者如世芯-KY、創意、M31（6643）與晶心科（6533）等。

其中，世芯-KY 2023 年全年累計稅後純益為 33 億元，創歷史新高。2024 年第 1 季營收強勁，達 104.9 億元，季增 13.7%、年增 83.5%，每股稅後盈餘（EPS）45.47 元，年增 77%。

創意則主要提供系統單晶片（SoC）設計代工服務，受惠於先進製程接案比重增加，AI 和網路通訊（Networking）應用帶動營運成長，同時手握微軟 AI ASIC 訂單，2024 年營運成長可期。2024 年 AI、機器學習（Machine Learning，簡稱 ML）約占營收 17% ～ 19%，預估 2024 年全年 EPS 為 26.3 元。

族群 3》AI 伺服器（代工、組裝）

台積電掌握全球 58% 的晶圓代工產量，預估 2024 年業績將成長 25%，而且看好 AI、手機、伺服器等產品。

亞馬遜、微軟、Google、Meta 等 4 大雲端服務供應商均砸重金建置 AI 伺服器，預估 2024 年、2025 年的資本支出總額將創新高，約 3,700 億美元（約合新台幣 11.6 兆元），受惠供應鏈業者如緯穎（6669）、廣達、緯創等，預估業績旺到 2025 年。

其中，廣達成功卡位輝達最新高階 B200 供應鏈，旗下搭載該款晶片的產線已開案，預計 2024 年第 3 季完成測試後將進一步量產。廣達董事長林百里也看好 AI 導入個人電腦（PC）的應用，直言 2024 年將正式推出 AI PC（指具備生成式 AI 功能的個人電腦）。

不過，廣達 2024 年第 1 季營收為 2,589 億元，季減 10.1%、年減約 2.7%。法人認為是受第 1 季屬於筆電出貨淡季影響。林百里則強調，AI 伺服器訂單滿手，最大關鍵是上游晶片缺貨。預估 2024 年上半年 AI 伺服器供應鏈尚未完全恢復，5 月、6 月出貨動能有望增強，下半年可望迎來大爆發。

族群 4》PCB（CCL、HDI）

高盛（Goldman Sachs）推估，全球銅箔基板 2016 年～2025 年的年複合成長率（CAGR）僅達 5%，但是高階銅箔基板 2023 年～ 2025 年的年複合成長率則會達 27%，市況兩極。以現階段來說，中低階銅箔基板供過於求，極低損耗（Very Low Loss）以上高階產品則因為高階應用火熱而供不應求。

高階銅箔基板主要受惠於 3 股趨勢：① AI 伺服器、②傳統伺服器新平台、③ 400G ／ 800G 交換器。

法人推估，2024 年 AI 伺服器出貨量將較 2023 年倍數成長，從組裝廠的樂觀展望、台積電 CoWoS 擴增產能來看，未來幾季訂單仍將增加。相較於傳統伺服器，AI 伺服器的印刷電路板（PCB）產值將提升 5 倍～ 8 倍，而作為原料的銅箔基板則將持續推動價、量上升。

一般型伺服器新平台 PCB 層數較上一代高出 25%，所採用的銅箔基板也升級到極低損耗等級。拓墣產業研究院資料顯示，2023 年，400G 交換器滲透率由 2022 年的 7% 提升至 15%、800G 交換器滲透率約 3%；2024 年，400G、800G 交換器滲透率將達 24%、12%，顯見近 2 年為大量導入年份。

過往 100G 交換器採極低損耗等級，400G 交換器則升級至超低損耗（Ultra Low Loss）等級（詳見圖 2）。隨著伺服器平台升級，PCB 也朝向更多、更密集、更多層數的方向發展。當平台升級 1 世代，傳輸速率就需翻升 1 倍，也帶動 PCB 板高速傳輸的需求。台灣電路板協會（TPCA）表示，AI 伺服器屬於高階的 PCB 終端應用，製程技術門檻較高，加上產品單價高，可視為台灣 PCB 產業的新藍海，而 ABF 載板、高層次板（HLC）可望受惠最深。

由於擁有高階技術的業者較少，未來在輝達跟美超微（Supermicro）的帶動下，可望刺激台股 PCB 相關供應鏈，如健鼎、金像電、台光電、台燿等均可望受惠。

金像電打入多數的 AI GPU 與 ASIC 供應鏈，站穩 PCB 龍頭地位，加上美國 4 大雲端服務供應商 2024 年都將增加資本支出，需求翻倍，下半年台廠預估將增加近 20% 的產能，泰國廠則預估 2025 年上半年可以量產。預期 2024 年獲利將成長 60%，EPS 為 12.7 元。

台光電是全球最大無鹵素基板供應商及手持式裝置 HDI ／類載板用基材的龍頭廠商，迄今仍是 HDI 細線路先進製程的全球領先者，全球手機市占率約 70%，5G 手機市占率逼近

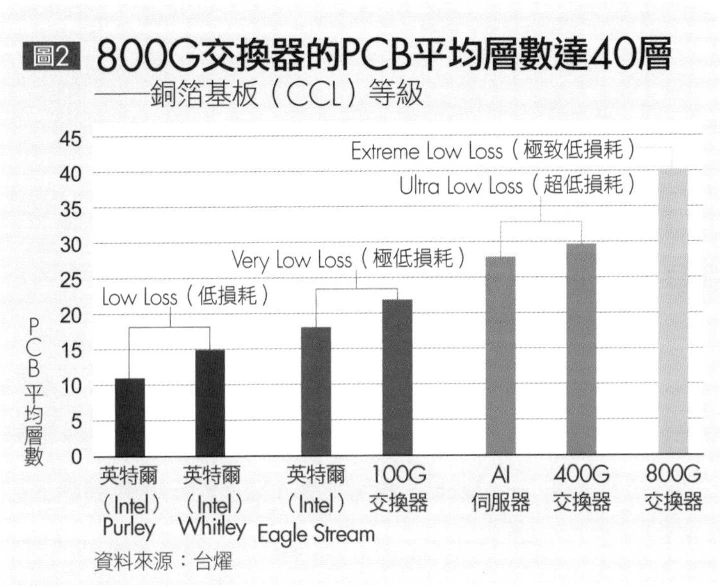

90%，至於 400G 主流規格產品的市占率則近 30%。台光電是輝達 AI 伺服器的 CCL 供應商，也是目前台廠中唯一的高階 CCL 材料供應商，不過近期市場傳出台光電的在新款 AI 伺服器的份額面臨韓國斗山競爭，導致其股價走低的消息，投資人可再留意。另外，聯茂（6213）、台燿（6274）也積極認證，分食 AI 大餅。

台燿為全球第 1 大高速銅箔基板供應商，2023 年已打入

AI 伺服器供應鏈，之後股價也跟著上漲（詳見圖 3）。台燿的 800G 交換器材料、AI 伺服器高階 CCL 認證順利，可望於 2024 年上半年開始放量，法人對台燿 2024 年的 EPS 預估約為 8 元～ 9 元。

族群 5》網通（光通訊、矽光子、CPO）

光通訊主要應用於電信市場與資料中心。隨著資料中心驅動傳輸技術的升級，加上 AI 時代、雲端應用對於更快速、低耗能傳輸技術的需求，數據傳輸升級為大勢所趨，而光通訊、矽光子、CPO 可以實現速度更快、頻寬更高、能耗更低的需求，因此半導體晶圓代工廠、網通廠、封測廠都積極投入矽光子的技術研發。

輝達、Google、思科（Cisco）先後推出 800G 產品，使資料中心的耗電問題浮出檯面，而關鍵技術 CPO 成為解決能耗問題的救星。未來，網通設備廠商（如智邦），光通訊中上游代工業者（如華星光、上詮等）將因此需求而受惠。

另一方面，OpenAI 發表全新生成式 AI 模型 Sora，將使需求從資料中心服務外溢至影音平台，有利於高速光收發模組產

圖3 2023年打入AI供應鏈讓台燿股價上漲
——台燿（6274）日線圖

註：資料時間為 2022.11.16 ~ 2024.05.02
資料來源：XQ 全球贏家

品需求大幅提升，智邦、華星光等業者將同步受惠。

其中，智邦 2023 年 EPS 為 15.99 元，創下歷史新高，僅次於神準（3558）。此外，由於 AI 帶動的機器學習與邊緣運算應用需求趨勢不變，智邦自 2024 年 3 月起，營運動能可望轉強。花旗環球證券指出，智邦受惠於資料傳輸量成長、技術升級，伴隨 AI 與機器學習帶起頻寬密集工作負載增加，使得交換器需求成長，推測未來 12 個月的合理股價應為 635 元。

族群 6》散熱

由於 AI 晶片運算力極高，功耗大，均熱片（VC，註 1）規格也必須同步提高，使得高階均熱片需求水漲船高。而 AI 加速雲端服務大廠擴增資料中心，需要更多 AI 伺服器、主要消費性電子品牌都將陸續推出 AI PC，這些發展需求都離不開散熱。

研究機構國際數據資訊（IDC）預估，2024 年全球半導體營收可望回升至 6,302 億美元，成長 20%。其中，儲存市場成長最為強勁，增幅達 52.5%；資料中心市場次之，成長 45.4%。另外，輝達 GB200 全面導入液冷散熱，零件價值較氣冷散熱大幅提升，因此散熱大廠未來行情看漲，奇鋐、雙鴻、健策、建準等散熱相關個股的股價順勢上揚，緯穎、高力（8996）股價也同步走揚。

散熱股王健策是超微伺服器 ILM 扣件的主要供應商，股價在 2024 年 3 月 7 日盤中觸及 1,035 元（詳見圖 4），成

註 1：均熱片是一種散熱元件，用於將熱源產生的熱量均勻地散發到更大的面積上，以提高散熱效率。

圖4　健策在2024年3月問鼎千金股
——健策（3653）日線圖

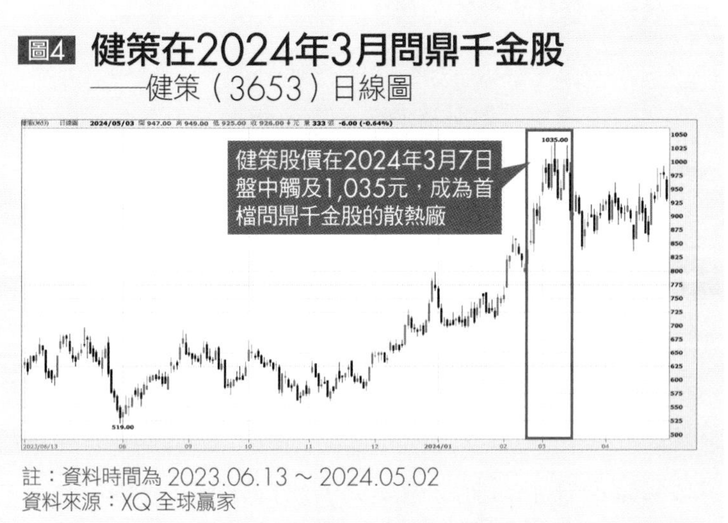

註：資料時間為 2023.06.13 ～ 2024.05.02
資料來源：XQ 全球贏家

為首檔問鼎千金股的散熱廠。

奇鋐為全球桌上型電腦（PC）、筆電（NB）散熱大廠，近期轉向發展伺服器、通訊設備散熱，目前散熱占營收比重近60%，加上奇鋐已打入輝達供應鏈，未來成長可期。

雙鴻是台灣手機散熱的龍頭廠商，由於未來手機搭載衛星通訊會是另一個趨勢，手機撥打衛星電話需要配備高功率放大器、高增益天線，而高功率代表高耗能，需要散熱，故預期雙鴻未來營運將受惠。

高力則積極切入伺服器液冷商機，預期 2024 年液冷散熱占其營收比重將從目前的 3% 上升至 10%。

族群 7》高階導軌

大型 AI 伺服器通常需要使用高階導軌來安裝和固定其重型部件，例如 CPU、GPU 和記憶體。而台灣金屬導軌大廠川湖，以自有品牌「King Slide」行銷，客戶包含 IBM、惠普（HP）、戴爾（Dell）等國際科技大廠。目前川湖已成為全球伺服器產業第 2 把交椅，僅次於北美的艾瑞德（Accuride），不但拿下全球 30% 的伺服器市占率，每年毛利率 56.16%，還跟台積電一樣年賺 1 個～ 2 個股本。

族群 8》機殼

AI 伺服器與傳統伺服器最大的差異在於，AI 伺服器具備強大的 CPU、GPU 與計算效能，而且資料處理速度更快，還能支援各類 AI 任務。資策會預估，2022 年至 2027 年，AI 伺服器出貨量將以 24.7% 的年複合成長率持續成長，2024

年，全球 AI 伺服器出貨量可望達 194.2 萬台，2025 年達 236.4 萬台。

伺服器產業鏈包含上游零組件，如機殼、電源供應器、記憶體、中央處理器、PCB 等；中游包含零件通路、品牌廠、原始設備製造商（OEM）及原始設計製造商（ODM）；下游包含雲端服務供應商及企業端。隨著 AI 快速發展，伺服器機殼廠營收順勢走揚，如勤誠、營邦等，連帶股價也有所表現。

勤誠 99% 的營收來自於伺服器、儲存設備機殼，是全球前 3 大伺服器機殼供應商。公司主要客戶為全球 CSP 大廠。在 AI 相關產品占比提升下，2023 年第 4 季營收 47.29 億元大幅創高；2024 年第 1 季營收 27.73 億元，年增 68.4%，創下歷史同期新高，法人更預估 2024 年第 1 季營運將是全年低點。FactSet 預估，勤誠 2024 年全年營收可望持續突破百億元大關、2025 年可望邁向 200 億元大關。

4-3 半導體》鎖定台積電供應鏈 提早布局護國群山

台股在 2024 年 4 月 10 日迎來 20,883 點新高紀錄，台積電（2330）股價也再創新高。神山這一波發威與人工智慧（AI）熱潮有關。半導體族群輪番表態，「新護國神山」群起，魅力無法擋。

台積電》AI 熱潮助攻，市值躍升全球第 10 名

這一波狂歡行情，除了 AI 熱潮，也伴隨著美國聯準會（Fed）主席鮑爾（Jerome Powell）釋出鴿派訊息，美股 4 大指數氣勢如虹，輝達（NVIDIA）股價漲破 900 美元新高，台積電的股價也在 2024 年 4 月 12 日盤中股價最高達 826 元（詳見圖 1），不僅創新高，市值也飆破 20 兆元大關，來到 21.42 兆元，擠下排名第 11 的博通（Broadcom），成為全球市值第 10 大公司。

圖1 2024年4月初，台積電股價創新高
——台積電（2330）日線圖

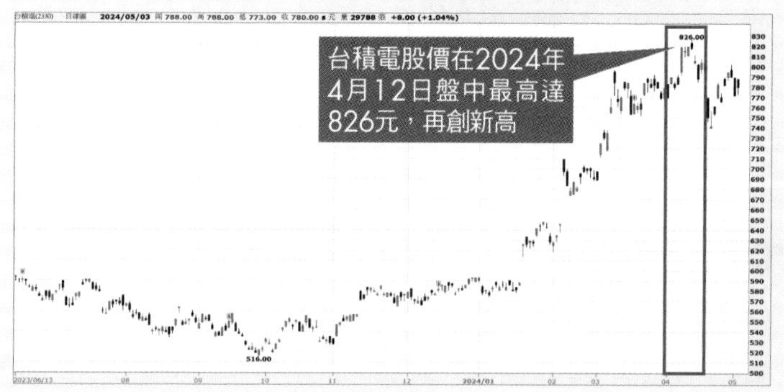

註：資料時間為 2023.06.13 ～ 2024.05.03
資料來源：XQ 全球贏家

由於 AI、高效能運算（HPC）需求火熱，帶動 CoWoS、SoIC（系統整合晶片）等先進封裝需求，也加速台積電先進封裝廠擴廠腳步。未來 AI 需求龐大，2 奈米製程、3 奈米製程以下的高階晶片需求殷切，預期台積電的擴廠計畫將會持續進行。

2024 年 2 月，台積電創辦人張忠謀出席日本熊本廠開幕時表示，AI 興起下，許多人向他要晶圓產能，需求不是以幾千片或幾萬片為單位，而是以一個晶圓廠為單位，換句話說，大客戶要的產能是以年產百萬片起跳，可見晶圓需求之強勁。因此儘管第 1 季為傳統淡季，台積電仍繳出強勁成績，2024 年第 1 季營收 5,926.44 億元，季減 5.3%，年增 16.5%，毛利率 53.1%，營業利益率 41.6%，每股盈餘（EPS）8.7 元，年增 8.9%。2024 年全年營收展望預估成長 21% ～ 26%。

供應鏈》業績亮眼＋國際能見度增，神山群成形

台積電與輝達的未來全世界都在看，但在這兩大咖的帶動下，台積電供應鏈也不寂寞，「新護國神山群」都有表現機會。

近年來台積電為了降低採購成本，提升供應鏈韌性，不斷朝供應鏈在地化努力。根據台積電年報，台積電在 2022 年間接原物料在地採購比率已達 62.1%，而 2030 年的目標則是要將此比率提升到 64%。根據寬量國際推估，與台積電密切合作的 49 家本土供應鏈廠商，未來 10 年的營收年複合成長率（CAGR）可達 20% 以上。這些在地供應廠商們從原本的進口替代，逐漸茁壯成為能夠協助台積電打天下的護國群山，不只業績持續成長，在國際市場的能見度也大增！

故隊長精心整理「廠務工程、設備機台、特殊化學、

表1 8大半導體次產業形成新護國群山
——半導體供應鏈

護國群山	相關企業
廠務工程	聖暉*（5536）、洋基工程（6691）、帆宣（6196）、迅得（6438）
設備機台	鈦昇（8027）、志聖（2467）、家碩（6953）、迅得
特殊化學	晶呈科技（4768）、三福化（4755）、勝一（1773）、上品（4770）
CoWoS先進封裝	辛耘（3583）、弘塑（3131）、萬潤（6187）、均華（6640）
先進製程關鍵零組件	意德士（7556）、中砂（1560）、家登（3680）
廢水回收與污染防治	兆聯實業（6944）、山林水（8473）、濾能（6823）、衛司特（6894）
晶圓檢測	閎康（3587）、宜特（3289）、汎銓（6830）
晶圓代工	台積電（2330）

CoWoS先進封裝、先進製程關鍵零組件、廢水回收與污染防治、晶圓檢測、晶圓代工」等8大半導體次產業，供大家參考（詳見表1）。

建議投資人可以特別研究如兆聯實業（6944）、上品（4770）、帆宣（6196）、家登（3680）、意德士（7556）、環球晶（6488）與中美晶（5483）等公司。另外，由於2024年CoWoS產能將持續倍增，預估弘塑（3131）、均華（6640）、萬潤（6187）後市可期，也看好閎康（3587）、洋基工程（6691）的後續表現。

1. 兆聯實業（6944）

兆聯實業成立於2004年，於2023年4月底興櫃，是全台水回收系統龍頭，客戶以台灣半導體公司為主，提供全方位廢水再生統包工程及營運維護等工作。而台積電是兆聯實業的最大客戶，占整體營收比重逾70%，近年兆聯實業陸續接獲台積電南部科學園區（簡稱南科）、新竹科學園區（簡稱竹科）先進製程、竹南先進封測廠及南科封測廠等廢水回收系統設計規畫工程訂單，並負責後續廢水回收系統的營運維護。

從財務面來看，近4年兆聯實業的毛利率逐年攀升，從2020年的8.03%提升至2023年的20.6%，表現亮眼（詳見圖2），且兆聯實業2024年也會有新的半導體廠、封測廠等訂單，營收可望受惠。

2. 上品（4770）

上品成立於1981年，於2021年12月底上市，從事氟

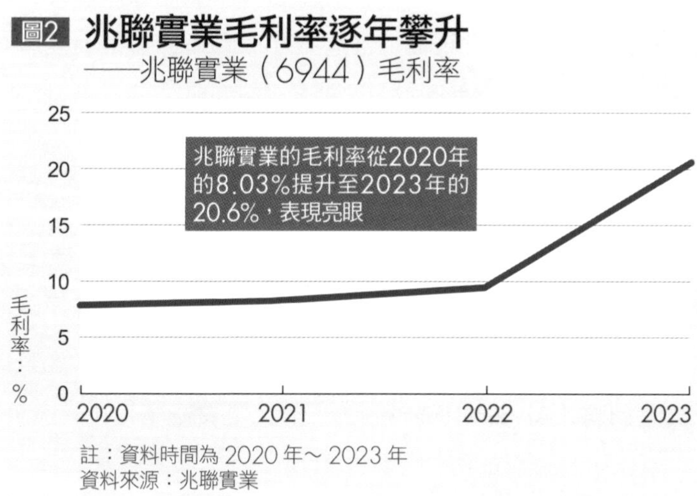

註：資料時間為 2020 年～ 2023 年
資料來源：兆聯實業

素樹脂（俗稱鐵氟龍）應用材料的製造、加工及買賣。氟素樹脂是一種具有耐腐蝕、耐高溫、耐磨損等特性的材料，在半導體產業中具有廣泛的應用。

上品的競爭優勢在於氟素內襯成型技術，半成品自製率超過 80%。受台積電擴廠效應帶動先進製程設備、廠務工程、半導體耗材、特用化學品等相關廠商業績起飛影響，上品營運持續受惠。國際半導體產業協會（SEMI）預估，2024 年全球半導體晶圓廠資本支出年增 15%，有利上品未來營收表現。

從財務面來看，上品 2024 年 3 月營收為 6.07 億元，月增 78.24%、年增 7.97%，且近 4 年毛利率、營業利益率和淨利率緩步走升（詳見圖 3），前景佳。

3. 帆宣（6196）

帆宣成立於 1988 年，於 2004 年 5 月上市，主要提供高科技產業廠務及製程系統規畫整合服務。帆宣是艾司摩爾（ASML）極紫外光（EUV）機台次系統模組代工廠，也是美商應用材料（Applied Materials）的代工供應鏈。

從財務面來看，帆宣已連續 2 年賺逾 1 個股本，且 2024 年第 1 季營收 146.15 億元，年增 5.25%，累計在手訂單水位逾 600 億元，2024 年全年業績展望樂觀。

4. 家登（3680）

家登成立於 1998 年，於 2011 年 8 月底上櫃，主要經營光罩解決方案產品。家登近年來將精密加工技術從半導體領域拓展至其他領域，2023 年取得航太相關認證，並拿下國際一線大廠訂單，增加光罩盒、晶圓載具外等營運項目。

從財務面來看，家登 2024 年 3 月營收為 4.88 億元，月

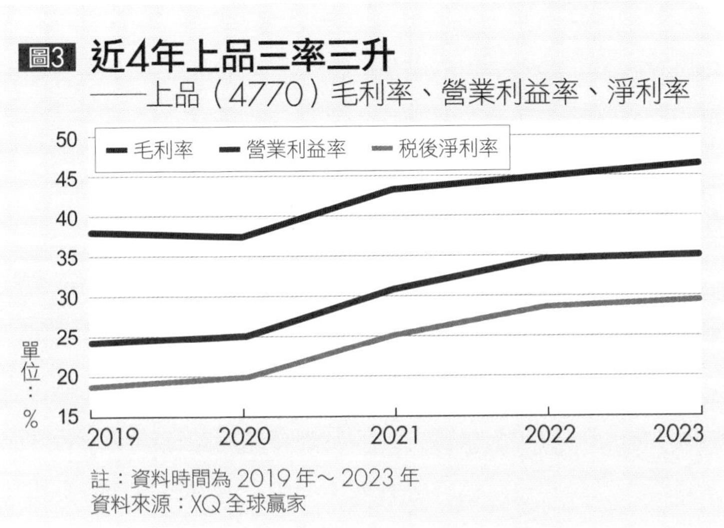

增 11.76%。法人預期，家登在光罩、晶圓、先進封裝等領域均有著墨，且中國市場維持暢旺，2024 年全年營收可望挑戰新高。

5. 意德士（7556）

意德士成立於 1999 年，於 2020 年 10 月底上櫃，3 大產品線為氟橡膠密封環（O-ring，營收占比逾 50%）、真空吸盤及維修服務，產品可應用於晶圓製造中的薄膜、蝕刻、微影與擴散等半導體前段製程。

從財務面來看，意德士 2024 年 3 月營收達 5,300 萬元，年增 9.92%。法人預期，隨著半導體景氣復甦及晶圓廠稼動率回升，可望帶動耗材需求增溫，全年營運有機會回復正軌。

6. 環球晶（6488）、中美晶（5483）

環球晶成立於 2011 年，於 2015 年 9 月底上櫃，主要經營半導體晶棒及晶圓之研發、設計與製造。其母公司中美晶 1981 年成立，2001 年 3 月初上櫃，事業包括太陽能晶棒、晶圓、電池、模組、儲能，延伸至光電案場並從事維運管理，甚至跨入綠電開發及銷售等領域。近年更透過轉投資聯齊科技跨足智慧電網、轉投資盛達電業跨足儲能及微小電網整合廠。

從財務面來看，環球晶 2023 年合併營收 706.5 億元，年增 0.5%；稅後淨利 197.7 億元，年增 28.6%；EPS 45.41 元。中美晶 2024 年 3 月合併營收 70.87 億元，月增 10.12%。

環球晶與中美晶董事長徐秀蘭指出，由於 AI 推動成長，半導體產業將重回成長軌道，認為 2024 年第 1 季是營運谷底，預期環球晶 2024 年下半年表現會優於上半年，整年度將優於 2023 年；中美晶則因太陽能及轉投資業績成長較為強勁，預期整體營收增幅將高於環球晶。

7. 弘塑（3131）

弘塑成立於 1993 年，於 2011 年 1 月中上櫃，從事濕製程（註 1）設備製造、電鍍／化學鍍清洗機和化學品供應系統，主要客戶為台積電、日月光投控（3711）、矽品、美光（Micron）等知名半導體公司。在 AI 愈趨熱門的情況下，半導體晶圓的產能需求不斷增加，而弘塑的濕製程設備又是半導體晶圓製造過程中不可或缺的一部分，未來營運可望逐年攀高。

從財務面來看，弘塑 2024 年第 1 季累計營收 8.98 億元，年增 10.43%。而它的股價也跟著飆漲，成為封裝設備股首檔「千金股」（詳見圖 4）。

8. 均華（6640）

均華成立於 2010 年，於 2018 年 10 月底上櫃，主要核心技術為精密取放（Pick and Place），同時卡位扇出型封裝（InFO）、CoWoS 先進封裝製程。均華的晶粒挑揀機在台灣市占率超過 70%、沖切成型機在兩岸地區市占率有 40%、雷射刻印機則為國內封裝業界大量使用。

註 1：濕製程是指半導體晶圓製造過程中，使用液體介質進行的加工步驟。

均華的高精度黏晶機（Die Bonder，註 2）在 2023 年年底大量出貨，預估將推升 2024 年先進封裝營收占比逾 50%。從財務面來看，均華 2024 年第 1 季營收 6.95 億元，年增 171.11%；稅前 EPS 6.18 元，季增 1.61 倍、年增 8.21 倍。法人表示，晶粒挑揀機訂單加上高精度黏晶機出貨，均華 2024 年營運有機會挑戰新高。

9. 萬潤（6187）

萬潤成立於 1996 年，於 2002 年 9 月底上櫃，主要產品為半導體設備、被動元件設備和發光二極體設備。萬潤是台積電 CoWoS 點膠機與自動光學檢測的主要供應商，受惠於台積電擴充 CoWoS 產能，未來營運可期。研調機構 Yole Group 預測，2028 年全球先進封裝規模將達 780 億美元（約合新台幣 2.4 兆元），年複合成長率達 10%。

從財務面來看，萬潤 2024 年 3 月營收達 3.08 億元，月增 19.93%、年增 281.03%，創 2022 年 8 月以來新高，並已連續 6 個月年增、月增雙雙增加。

註 2：高精度黏晶機是一種用於將半導體芯片的核心部件晶粒（Die）黏附到載板（Substrate）上的精密設備。

圖4 弘塑在2024年Q1成為封裝設備千金股
——弘塑（3131）日線圖

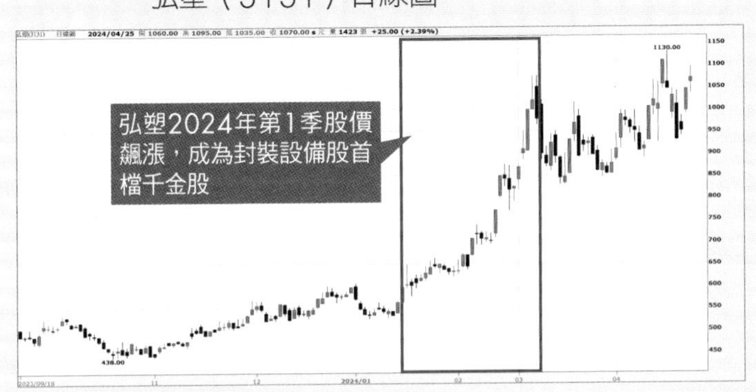

註：資料時間為 2023.09.18 ~ 2024.04.25
資料來源：XQ 全球贏家

10. 閎康（3587）

閎康成立於 2002 年，於 2009 年 8 月中上櫃，主要經營檢測分析服務。與晶圓代工大廠先進製程關係密切，已搶下輝達、超微半導體（AMD）、英特爾（Intel）、微軟（Microsoft）、臉書（Facebook）母公司 Meta 及谷歌（Google）等重量級大廠新一代 AI、高速運算晶片檢測分析（MA）及可靠度驗證（RA）等大單，2024 年營運可望再度攻高。

從財務面來看，閎康 2024 年 3 月營收 4.32 億元，月增

15.82%、年增 5.29%。法人預估閎康 2024 年營收約 58 億元，年增 20%；稅後純益 9 億元，年增 37%；EPS 13.87 元。

11. 洋基工程（6691）

洋基工程成立於 1980 年，於 2022 年 1 月初上市，主要經營高科技廠房無塵室及機電空調統包工程與建議服務。洋基工程約有 71.5% 營收來自半導體產業、10.7% 來自印刷電路板（PCB）產業、8.2% 來自電子零組件／傳統精密、7.4% 來自光電、2.2% 來自其他。2024 年將海外主力放在拓展泰國市場，第 2 季起可望貢獻營收。

洋基工程 2023 年營收 155.13 億元創歷年新高，毛利率 17.36%，EPS 為 20.22 元，董事會決議擬配發現金股利 16 元，另配發股票股利 2 元，配發率達 79.11%。由於個股擁有不錯的基本面及題材性，有可能帶動漲幅擴大，故 ETF 元大台灣高息低波（00713）近期將洋基工程納為成分股。

4-4 電動車》看好4題材後市 伺機把握起漲點

研調機構顧能（Gartner）指出，新的汽車製造方法正在降低汽車的生產成本，預估 2027 年電動車平均生產成本將低於或相當於傳統內燃機車輛，而整車製造成本將比電池成本下降得更快。

不過調查也指出，電池是電動車最昂貴的部分，約占車價的 40%。到 2027 年，修理電動車車身及電池的平均成本將在嚴重事故後上升 30%，高昂的電動車維修成本已成為潛在買家的隱憂。

此外，該研究還指出，過去 10 年來成立的電動車公司，到了 2027 年約有 15% 將被收購或破產。但是，Gartner 的副總裁研究員佩德羅．帕切科（Pedro Pacheco）表示，這並不意味著電動車行業正在崩壞，「只是進入一個新階段，未來擁有最佳產品及服務的公司將會勝出。」

這個研究呼應了過去 1 年多以來電動車市場的變化。若我們以電動車龍頭特斯拉（Tesla）為例，似乎可以從中看出某種端倪。

2024 年，在美股「科技七雄」中的蘋果（Apple）、亞馬遜（Amazon）、谷歌（Google）、臉書（Facebook）母公司 Meta、微軟（Microsoft）、輝達（NVIDIA），以及台股的台積電（2330）等半導體族群與人工智慧（AI）概念股向上狂奔之際，唯有科技七雄中的特斯拉獨憔悴，股價不漲反跌。直到 4 月法說會時，執行長馬斯克（Elon Musk）表示平價車款推出計畫不變，股價才稍有反彈。

華爾街分析師對於特斯拉的整體看法也偏負面，主要因為高利率壓力下，電動車銷量放緩的跡象日益顯著，面對各國政府漸漸無力的激勵措施，加上中國對手比亞迪的廉價電動車來勢洶洶，都再再危及特斯拉在電動車領域中的領導地位。

不僅電動車市場進入殺價戰，中國 2023 年更傳來 5 年內倒閉 400 家電動車商的消息。通用汽車（General Motors）

則是將投資於電動皮卡生產廠的 40 億美元改造計畫推遲了 1 年，也釋放出對市場需求不確定性的訊息。

此外，蘋果宣布對已經投入 10 年的 Apple Car 喊卡，很大的原因是打造自駕車軟體及演算法的難度實在太高，如果要達到蘋果設定的標準，Apple Car 根本賺不了什麼錢。未來蘋果會將資源改投入生成式 AI 領域。蘋果終止 10 年前啟動的電動車研發項目「泰坦計畫（Project Titan）」雖被戲稱為另一場「鐵達尼災難」的終結，但其實分析師也樂見蘋果回歸核心本業。

另外，美國租車巨頭赫茲租車（Hertz）計畫出售約 2 萬輛電動車，並利用部分收益購買燃油車。聽起來好像是在走回頭路，說好的「2050 年淨零排放」目標呢？赫茲租車的這項決定，似乎反映了公司正在重新評估電動車市場的狀態以及未來發展。

至於特斯拉執行長馬斯克還在繼續造夢，繼 2023 年推出未來感十足的電動皮卡 Cybertruck 後，再秀電動跑車 Roadster，這款超炫的跑車車身安裝了 10組小型火箭推進器，從零到 100 加速不到 1 秒。特斯拉旗下的電動垂直起降飛行器（eVTOL）Model A 接單量達 2,850 台之多，這款「飛天車」的暴紅，似乎又顯示著電動車相關產業還是前途光明。

2024 年 2 月的瑞士日內瓦車展，又是另一副景象，微型電動車備受矚目，比方中國車廠比亞迪推出的「水上漂」汽車。「水上漂」搭載 e4 平台，每個車輪都有自己的引擎，可以分別轉動，即能像坦克般迴轉，也能像螃蟹般移動。這款豪華休旅配備緊急漂浮性能，即使進到深水區還能前進轉向，據說至少 30 分鐘不會下沉。嗯，很有想像力。

西班牙電動車新創公司 Silence 則推出重量只有 450 公斤的迷你車款，能輕鬆更換電池，也能接上電源；而瑞士 Micro 車廠推出的二代超迷你雙人座電動原型車 Microlino Lite，外型小巧吸睛，主要針對無駕照人士和年輕的電動車愛好者，例如法國和義大利，當地只要年滿 14 歲就能駕駛，但需擁有機車駕照。

所以，電動車過去 1 年有好消息，也有不太美妙的消息，但是，長期趨勢不變。未來，電動車或更之後的新能源車仍是長線投資題材，投資人不妨多留意趨勢走向及車商、供應鏈變化，再鎖定具有題材與獲利空間的個股，比方車用晶片與充電樁，以及車用電子、零組件族群。受惠於美股、台積電大漲，車用電子、汽車零組件族群股價也開始轉強，如聯發科（2454）、京元電子（2449）、萬在（4543）、泰茂（2230）、燿華（2367）等。

車用晶片》營收 CAGR 增長幅度可期

隨著汽車電動化與智慧化，新一代車用晶片的製程要求也不斷提升。2022 年～ 2027 年營收年複合成長率（CAGR）最高的半導體應用類別即為車用晶片。為搶占汽車晶片大餅，台積電在 2022 年第 3 季推出針對先進駕駛輔助系統（ADAS）和智慧座艙的汽車晶片 5 奈米製程平台 N5A，符合 AEC-Q100、ISO 26262、IATF 16949 等汽車製造標準。

全球約有 70% 的微控制器（MCU）產自台積電，而台積電也同步協助各大晶片公司發展車用先進製程。台積電計畫 2024 年推出業界第 1 款 3 奈米汽車晶片平台 N3AE，預估 2025 年將量產 3 奈米車用晶片。據了解，未來台積電最先進的車用晶片 3 奈米、5 奈米製程仍以台灣為生產基地（N3AE 3 奈米製程），海外晶圓廠則以 12 奈米～ 28 奈米製程為主。

此外，高階自動駕駛推動汽車算力平台往 7 奈米以下延伸。高通（Qualcomm）、輝達、聯發科等高效能運算大咖紛紛搶進車用市場，如聯發科即推出採用 3 奈米製程的「天璣汽車平台」。該平台包含用於驅動 8K、120Hz HDR 螢幕的 MiraVision 顯示技術，能夠支援多個 HDR 攝影機的影像訊號處理單元，透過聯發科加速處理器（APU）技術，可以提供一定程度的 ADAS 輔助駕駛功能；搭載的聯網晶片模組可以串聯 Wi-Fi 7、5G 網路、全球定位系統（GPS），甚至具有衛星連線功能。

聯發科 2024 年第 1 季營收 1,334.6 億元，超越財測上緣，年增 39.5%，毛利率 52.4% 為近年最佳水準，每股盈餘（EPS）19.85 元，為 2022 年第 3 季以來最佳成績。展望後續，公司預期全年營收成長 14% ～ 16%，Dimensity Auto 智慧座艙解決方案也持續在主要汽車製造商客戶中贏得新案。

車用 PCB》HDI 可望為成長最快速產品

車用 PCB 也是長期趨勢向上的族群之一，2023 年上半年整體 PCB 產值達 3,511 億元，車用就占了 14.6%，產值高達 513 億元。工研院指出，隨著車輛電動化、先進駕駛輔助系統普及、車聯網需求逐步提高，將擴大高密度連接板（HDI）的應用，因此，HDI 可望成為成長最快速的 PCB 產品，年複合成長率高達 16.5%。

HDI PCB 可用於先進駕駛輔助系統、車用鏡頭模組、高性能電子控制器（ECU，又稱車載電腦）等，主要廠商為健鼎（3044）、敬鵬（2355）及燿華。

充電樁》需求攀升帶動商機想像空間

電動車市場快速成長，充電樁基礎建設也勢必同步攀升。充電樁商機非常具有想像空間，不只整合電源供應、資料通訊、物聯網，還包含線束、連接器、主機板、電源模組、探針等，而充電站則包含電源管理、電力分配、儲能系統，串聯在一起就是一個微電網。預估 2021 年到 2030 年全球充電樁年複合成長率達 32%，產值上看 4,000 億美元。台達電（2308）、華城（1519）、信邦（3023）、虹堡（5258）等，都是代表業者。

以 POS 終端機廠虹堡為例，由於全球無人支付市場、充電樁支付設備與 POS 設備升級，2023 年下半年起出貨增溫，將受惠於相關應用、歐美大型標案出貨新訂單。在電動車熱潮下，雖然虹堡充電樁比率不大，但後續規模將持續擴大，2023 年已與充電樁設備、車廠、石油公司等接觸，開發認證約需 1 ～ 2 年時間，預估未來將迎來大成長。虹堡 2024 年 3 月營收為 6.51 億元，年增 6.69%（詳見圖 1）。法人預期，2024 年虹堡將進入主要貢獻期，營收可望明顯成長。

值得一提的是，虹堡的主要業務之一是 POS 設備及相關產品的設計、開發與銷售，主力產品為 POS 終端機，其中又以支付卡授權終端機為大宗，以自有品牌「Castles」行銷全球，切入電子金融交易終端機、電子式收銀機及周邊設備。受惠無人支付商機爆發、缺料緩解，加上歐美廠商因資安考量採購持續去中化，虹堡增加市場份額，2023 年營運大躍進，在充電樁與無人商店兩大業務的加持下，未來獲利值得期待。

新能源車》長期趨勢不變，但需選對標的擇機入市

研調機構集邦科技（TrendForce）資料顯示，2023 年包含純電動車、插電式混合動力車（PHEV）、氫燃料電池車在內的全球新能源車（NEV）共銷售 1,303 萬輛，約占汽車總產量的 15%，整體較 2022 年成長 22%，但相較於 2022 年

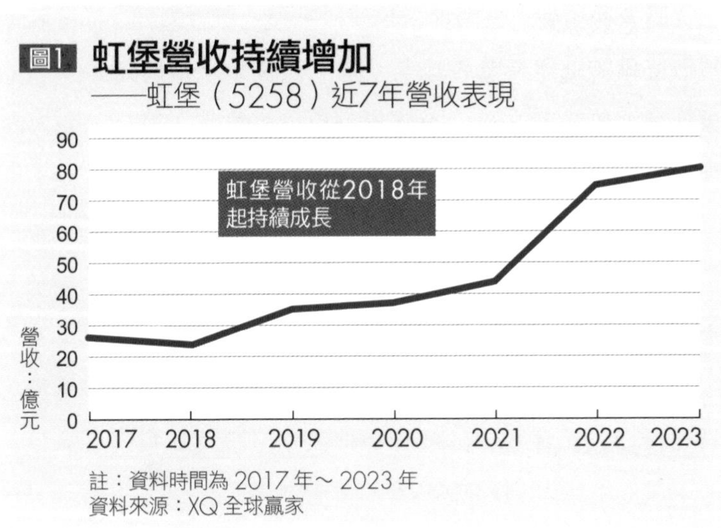

全球新能源車成長65%的幅度來看，成長幅度卻是大幅下滑。

中國傳來的數據則是相對樂觀。2023 年，中國新能源汽車產銷量分別達 958.7 萬輛、949.5 萬輛，連續 9 年位居全球第 1。中國科學院院士、中國電動汽車百人會副理事長歐陽明高表示，2026 年之前中國的新能源汽車市占率將持續突破，預估 2024 年市占率可望達到 36% ～ 41%、2026 年逾 50%。另外也預期 2030 年全固態電池技術可望實現產業化，綠色氫能全鏈技術也可能將有所突破。

從銷售數據看，近期純電動車似乎陷入某種瓶頸，即便特斯拉以降價策略維持營收數字，但 2023 年全年也只交付 180 萬輛車，年增率 38%，全年獲利也只成長了 18.7%、每股稅後盈餘為 4.3 美元。

從先行者純電動車的市況發展看新能源車，雖然長期趨勢不變，但對於投資人來說，應該釐清在走向 2050 年的過程中，電動車與新能源車的供應鏈商機何時會在哪一個部分發酵，甚至可以鎖定最看好的部分擇機入市，梳理得愈仔細清楚，愈可能從中淘出 99.9999% 的純金。

裕隆（2201）旗下納智捷（LUXGEN）與鴻華先進 - 創（2258）、鴻海（2317）合作推出台灣第 1 輛國產電動車 n7，目前訂單逾 9,000 輛，2024 年第 1 季已交車 500 輛，4 月起每月加速交車至 1,200 輛，預計第 3 季可全數交車完畢。另外，納智捷預計在 2024 年第 2 季下旬開放第 2 波預購，將可望帶來更多獲利。

4-5 ESG與綠能》聚焦3檔新能源股 發掘資金避風港

全球氣候變化日益嚴重，為了應對氣候變遷的全球性威脅，有 195 個締約國於 2015 年共同簽署《巴黎協定》（Paris Agreement），承諾逐步增加減排幅度、採取更廣泛的適應措施，將全球平均氣溫升幅控制在工業化前水平以上低於攝氏 2 度的目標，並努力將升幅限制在工業化前水平以上攝氏 1.5 度，從而實現各國制定的「碳中和」或「2050 年淨零排放」目標。為達成此目標，各國競相加速推出氣候變遷因應法案，並推動能源轉型。

能源轉型不僅投資規模巨大，許多相關技術仍處於創新或初始商業應用的階段，如太陽能、離岸風電、氫能源，電動車與陸上風力技術也剛開始進入高速成長階段。國際再生能源總署（IRENA）報告指出，要達成《巴黎協定》期望的「將全球變暖控制在遠低於攝氏 2 度」的氣候目標，預估至 2050 年，相關能源轉型的投資金額將達 117 兆美元。

各國政府為推動能源轉型投注了不少資金，以美國為例，為建立綠色供應鏈、電氣化並強化本土製造，美國自 2021 年以來陸續通過《降低通膨法案》（IRA）、《基礎設施投資和就業法案》（IIJA）以及《晶片與科學法案》，提供約 9,000 億美元的資金援助，但目前僅執行約 20%，故未來的基建能量不容小覷；台灣 4 項能源法案則需投入新台幣 2.09 兆元的基建金額。

永續觀念使綠能成為長期趨勢，催生 ESG 投資

由於能源轉型長期趨勢明確，能源轉型發展存在大量投資機會，因此有利於能源轉型以及基礎建設相關企業的營收表現。

比方美國 2022 年推出的《降低通膨法案》就是美國史上最大的氣候與能源投資，法案承諾於 10 年內提供逾 3,690 億美元的補貼及稅收抵免，以鼓勵減碳轉型及再生能源的運用。美國大型電力公共事業公司都因《降低通膨法案》而受惠，如新紀元能源（NextEra Energy）、杜克能源（Duke Energy）、道明尼能源（Dominion Energy）、安特吉

（Entergy）及南方電力公司（Southern Company）。另外，歐盟也祭出 3,000 億歐元的能源轉型計畫；中國則是在電池領域方面具有極大優勢。

至於台灣的「能源轉型政策」，是設定 2025 年前達成能源組合 20% 再生能源、30% 燃煤、50% 天然氣的目標。經濟部原先預估 2025 年綠電占比達 20%，後來下調為 15.5%。而根據全球再生能源倡議「RE 100」評估，台灣企業 2030 年的綠電需求量預估超過 250 億度，加上全球供應鏈執行碳中和目標，要求供應商 100% 使用綠電，如果台灣企業履行綠電承諾，綠電需求量將達 600 億度以上。

而當能源轉型、綠電成為長期趨勢，加上全球龍頭企業帶動供應鏈非綠不可，ESG 指標也被納入企業經營評量中，用來檢視企業是否永續經營、值得投資。

ESG 最早出現在 2005 年聯合國的《在乎者最終成贏家（Who Cares Wins）》報告中，ESG 指的是「環境保護（Environment）」、「社會責任（Social）」與「公司治理（Governance）」，而ESG概念股泛指具有「ESG永續投資」經營理念的股票，包含 ESG 產業供應鏈的上、中、下游。

ESG 題材又以再生能源、環保、碳足跡相關概念股特別受到關注。此外，與能源轉型有關的 ESG 概念基金，也會將電動車納入投資組合中。除了個股之外，投資人也不妨留意與 ESG 概念相關的熱門 ETF，或是將範圍擴大到電動車相關 ETF，比方國內掛牌的國泰永續高股息（00878）、富邦公司治理（00692）、元大臺灣 ESG 永續（00850）、永豐台灣 ESG（00888）、中信關鍵半導體（00891）、富邦 ESG 綠色電力（00920）等等，都是屬於 ESG 概念的 ETF。

雖然各檔 ETF 的成分股與持股比例不盡相同，但以目前而言，最具 ESG 代表性的概念股分別是台積電（2330）、聯發科（2454）、鴻海（2317）、聯電（2303）、日月光投控（3711）、華碩（2357）及富邦金（2881）等業界龍頭。當然也可以從 ETF 成分股中尋找值得投資的 ESG、能源轉型優質標的。

此外，儲能也是發展新能源的要角之一，商機極大，在 ESG 新能源股中，我特別留意到泓德能源 - 創（6873）、雲豹能源 - 創（6869）與森崴能源（6806）、世紀鋼（9958）這 4 檔股票（詳見延伸學習）：

創新板上市股票

股名後面有「創」字者，為在創新板上市的股票。根據規定，在創新板上市的股票，須為合格投資人才可交易。所謂合格投資人，指符合以下條件之一者：

1.專業機構投資人或具有1年以上證券交易投資經驗之法人。
2.依法設立之創業投資事業。
3.依洽商銷售方式取得創新板初次上市有價證券之法人。
4.具有2年以上證券交易經驗之自然人，且符合下列條件之一：
　①新台幣200萬元以上之財力證明。
　②最近2年度平均所得達新台幣100萬元。

泓德能源 - 創》營收來源逐漸多元化

泓德能源 - 創主要從事各類太陽能光電案場的開發、設計與工程統包，以及案場維運服務、資產管理業務與再生能源銷售業務。3 大事業體布局綠電領域、基礎建設、電站管顧，並延伸至綠電使用與憑證、綠電電樁布建，公司產出電能後可運用於民生、工業用電及各式電力需求場所，等於發電、售電、儲能、綠能一手抓。

由於歐盟已於 2023 年 10 月啟動「碳邊境調整機制（CBAM，即碳關稅）」，加上台灣再生能源政策加持，未來台灣將以風電與光電為再生能源發展主力，搭配儲能系統建置增加電網穩定。此外，經濟部已研擬《電業法》修法，希望推動綠電自由化及電網公共化，循序漸進推動電業改革及能源轉型。這些都是利多。

成長動能方面，泓德能源 - 創子公司星星電力整合泓德能源集團能量，進行綠電與光充儲的配銷、管理、營運。星星電力是全台第 1 家民間轉供量體超過 1 千瓩（MW）的綠電交易商，提供用電戶太陽光電、風電等綠電選擇，並協助客戶取得綠電憑證，目標設定 2025 年持有 500MW 電廠總量，每年穩定售電收入可達新台幣 25 億元。此外，泓德能源 - 創也與台灣人壽、全球人壽、康舒科技合資成立「星泓電力」，其中泓德能源 - 創持股 20%。

至於泓德能源 - 創旗下的「星舟快充」主攻電動車充電業務，提供電動車充電完整解決方案，2024 年目標開發 248 站；未來搭配儲能系統以及汽車對電網（V2G）技術，可協助台電電力調度，緩解尖峰用電，提供表前到表後的完整能源解決方案。

星佑能源儲能系統則整合並落實能源設備在地化，已於

圖1 泓德能源-創以光電和儲能案場開發為主
——泓德能源-創（6873）營收占比

■光電收入 - 開發、EPC 工程
■儲能收入 -EPC 工程、設備銷售、系統整合、輔助服務
■海外收入
■其他收入 - 維運、養殖、售電、充電樁、軟體服務

2023 年

EPC工程為此階段主要收入動能，同時亦展開智慧電力事業布局

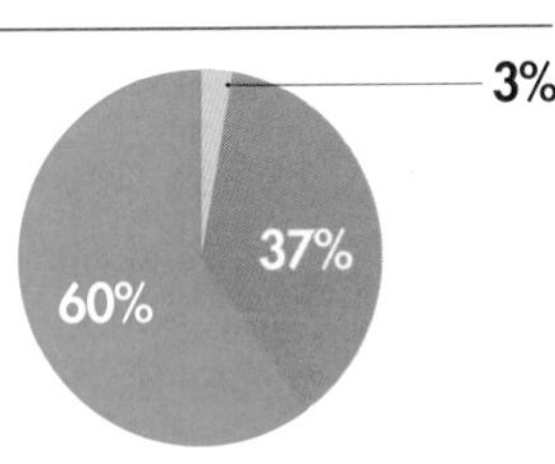

2024 年

積極發展儲能、售電、電動車充電與相關設備銷售等領域，營收來源逐漸多元化

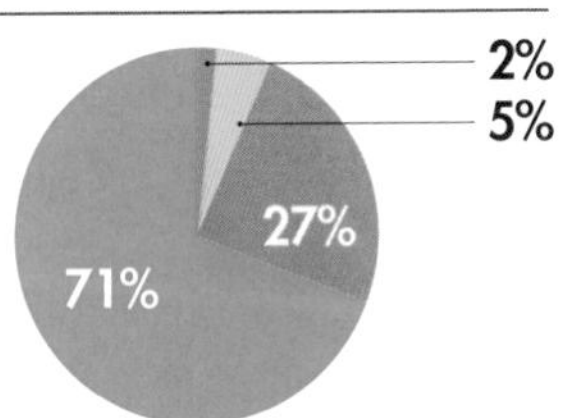

2030 年（預估）

導入成熟AI技術發展智慧綠電系統，轉型成為智慧電力公司

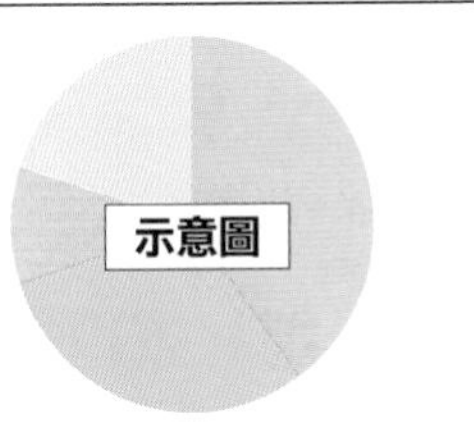

資料來源：泓德能源

2023 年 12 月首次出貨至案場。星德電力投資儲能系統，並透過星佑能源參與台電調頻備轉輔助服務平台，目前掌握的土地及饋線估計可供建置 600+MW 儲能系統。

目前泓德能源-創在手的光電案場，2024 年預計開工量體超過 350MW，其中台南案場有機會貢獻大量工程營收。就公司規畫來看，泓德能源-創 2024 年、2025 年將以光電和儲能案場開發為主（詳見圖 1），公司目標為待 2026 年後光電場及儲能案場開發完畢，營收逐漸走向多元化，轉型智慧型電力公司。

泓德能源-創董事長謝源一指出，受惠於台灣、日本的太陽能需求增溫，預估 2024 年營收將雙位數成長，獲利將比去年更好，3 年～ 5 年內整體營收可望突破百億元。泓德能源-創 2023 年營收與獲利同創新高，每股稅後盈餘（EPS）為 8.36 元；2024 年 3 月，達營收 5.17 億元，年增率 203.91%。

雲豹能源-創》2023 年營收、獲利雙創新高

雲豹能源-創的 3 大主軸業務包含再生能源電廠開發、投資

設置、維運管理等，業務範圍包含太陽光電、儲能系統、離岸風電、水處理、生質能源、綠電售電平台。

2021 年起，雲豹能源 - 創積極轉型，除了多元再生能源，也切入水處理市場，轉型為循環經濟永續投資商，以綠能環保為主軸，創造多元收入。2023 年，雲豹能源 - 創的營運動能以太陽光電及儲能工程收入為主，隨著再生能源占比提高，加上政府逐步開放電力交易自由化，綠電交易營收比重增加，水處理工程營收也相當穩定。2023 年儲能案場陸續認列營收，預估貢獻 50 億元～ 60 億元營收；太陽能預估貢獻 15 億元～ 20 億元營收。

目前雲豹能源 - 創太陽光電開發持有裝置量達 600MW；已開工 2 座全台單一最大的 100MW 儲能案場，預計 2024 年完工，未來也會積極推展小型儲能。此外，雲豹能源 - 創入主水處理子公司煒盛環科後，取得標案金額大增，2024 年將持續進行桃園國際機場西側污水處理工程等標案，持續帶來中長期穩定營收。

雲豹能源 - 創 2023 年合併營收 67.84 億元，年增 7.66%，稅後純益達 10.16 億元，年增 116%，EPS 為 8.77 元，年

圖2 2023年年底，雲豹能源-創股價上揚
——雲豹能源-創（6869）日線圖

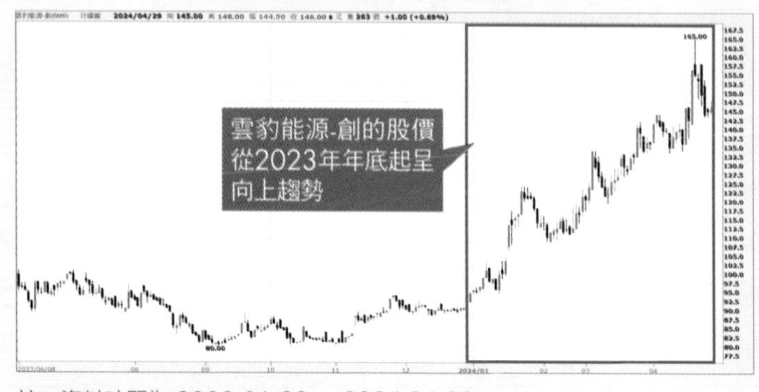

註：資料時間為 2023.06.08 ~ 2024.04.29
資料來源：XQ 全球贏家

增 118%，營收與獲利雙創新高。2024 年 3 月，雲豹能源 - 創營收 4.99 億元，年增率 37.67%。從 K 線圖來看，雲豹能源 - 創的股價從 2023 年年底起就呈向上趨勢（詳見圖 2）。

森崴能源》營收呈成長趨勢

森崴能源提供太陽能、離岸風電、陸域風電、水力發電等再生能源電廠建置維運，及潔淨能源液化天然氣（LNG）進口、綠電交易平台與能源技術服務業（ESCO）節能／儲能裝置技

圖3 森崴能源2023年營收暴增
——森崴能源（6806）近5年營收表現

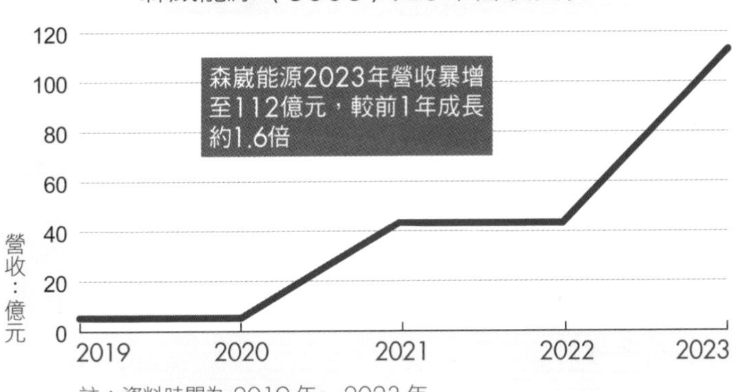

註：資料時間為 2019 年～ 2023 年
資料來源：XQ 全球贏家

術、森林碳權、離岸海事工程等全方位 ESG 服務，其營收占比為工程業務約占 89%、工程服務約占 2%、售電約占 9%。

法人指出，森崴能源工程總值 538 億元的離岸風電下部結構工程預計將於 2025 年前整體工程完工，2024 年可望迎來營收認列高峰，預估可認列 43% 的台電 2 期工程款 231 億元。

若觀察森崴能源近 5 年營收數據，可以發現 2023 年森崴能源的營收暴增，來到 112 億元，比前 1 年成長 1.6 倍左右（詳見圖 3）。而 2024 年 3 月，森崴能源的營收 7.81 億元，年增率 102.06%。

世紀鋼》擁國產化優勢

世紀鋼主要從事各項鋼骨結構、焊接型鋼生產業務，客戶包含台積電、華邦電（2344）等科技廠商，另外也承包多項大型鋼構公共建設項目。近幾年公司切入「新南向政策」及「再生能源——離岸風力發電項目」。在「再生能源——離岸風力發電項目」上，離岸風能發電為政府再生能源國策的核心項目之一，本著生產必須國產化的使命感，公司因此設立了「世紀風電（2072）」。

台灣政府發展離岸風電，預定至 2025 年，離岸風電發電量要達到 5.5GW（百萬瓩），所需要的海底鋼構工程（基座）商機有 1,000 億元以上。世紀鋼於 2017 年取得德國萊因 EN 1090 和 EN ISO 3834 授權認證後，在台北港計畫用前店後廠委外加工的模式，從事風力發電機之組裝、進出口及離岸風電水下基礎工程專用廠房，2019 年完成建廠，2020 年陸續投產，具備基本條件之後，陸續與多家遴選為合格的風電開發商簽署合約協議書。

法人指出，根據目前風場設計，未來單支風力發電機的發電容量將達 14MW 以上，因此水下基礎噸數變重下，需有一定水深的碼頭，世紀鋼擁有在台北港的周邊生產優勢下，取得 5 家開發商的訂單，推估取得案量約 400 億元以上。訂單能見度至 2029 年，營收、毛利率隨學習曲線趨成熟及供應鏈趨完備，有望逐季、逐年成長。預計 2024 年上半年毛利率 20% ~ 25%、下半年毛利率 25% ~ 30%，2024 年毛利率較 2023 年增加 8.24%，EPS 11.6 元。2025 年受惠經濟部能源署離岸風電第 3 階段區塊開發第 1 期（3-1 期）的訂單，推估世紀鋼的風電營收將可貢獻 255 億元，EPS 19.42 元。

經濟部能源署離岸風電第 3 階段區塊開發第 2 期（3-2 期）投標開放開發商自選國產化項目，但競爭也更激烈。預計得標前 2 名須達成 100% 國產化，整體國產化比率將提升至 70%。能源顧問公司 Wood Mackenzie 預估，2029 年水下基礎建設相較 2024 年有 2 倍之缺口，國內若無扶持產能，則可能買不到。

相較國外廠商，台灣客戶跟世紀鋼下訂單不用海運成本，可省下約 20% 關稅成本，且台灣工資成本低於韓國廠商。由於市場供不應求，即便無國產化之保護傘，世紀鋼仍具競爭力。

另外，世紀鋼也前進世界盃，2024 年 5 月 23 日，全球大型再生能源企業之一的沃旭能源宣布攜手台灣供應商成立「亞太風電新技術聯盟」，而世紀鋼子公司世紀風電就是聯盟成員之一。亞太風電新技術聯盟涵蓋離岸風場開發、建置到運維階段，以提升台灣供應商技術本位為目標，開拓亞太離岸風電市場龐大商機（沃旭能源已於 2023 年 11 月獲得韓國 1.6 GW 仁川離岸風場開發許可）。此外，哥本哈根基礎建設基金（CIP）日前與菲律賓能源部簽署了 3 份離岸風電服務合約，預計將於菲律賓 5 個省分開發離岸風能，產能預計將達 2,000 MW。世紀鋼作為哥本哈根基礎建設基金彰芳西島風場專案、共 62 座套管式水下基礎的承包商，未來有機會和 CIP 合作菲律賓的風場專案。

世紀鋼 2024 年第 1 季營收 31.48 億元，年增 17.7%，但毛利率超於法人預期站上 37.76%、EPS 2.66 元，繳出亮眼成績。隨著生產效率提升，2024 年第 2 季出貨有望高於第 1 季，下半年貢獻可觀，可望超越上半年。

Chapter 5

精挑中線飆股

5-1 留意5大波段亮點產業 預先卡位優質股

哪裡有題材，哪裡就會吸引資金進場，差別在於誰先掌握資訊，誰先卡位。而台灣未來值得投資的好標的，除了第 4 章提到的人工智慧（AI）、半導體、電動車、ESG（環境保護，Environment、社會責任，Social、公司治理，Governance）與綠能 4 大主流產業外，還有其他次產業值得留意，比方生技醫療、營建、資安、矽智財（IP）、手機等，都能從中找出具備題材、產業前景、基本面及獲利支撐的黑馬。

接下來我會先為大家介紹各產業概要，後續再針對各產業做詳細說明：

產業 1》生技醫療

不論景氣好壞，健康、養身與愛美等剛性需求不會退流行，就算物價上漲，看病吃藥的錢不能省，所以，生技醫療產業只要有適當的題材，時不時都會有讓人為之一亮的表現。

生技股進入 2024 年之後，受到購併、授權、藥證、臨床、業績成長等題材加持，表現突出，如生技龍頭保瑞（6472）、美時（1795）、承業醫（4164）、和康生（1783）、合一（4743）、康霈*（6919）、葡萄王（1707）、視陽（6782）、晶碩（6491）、昱展新藥（6785）等陸續傳出佳音，奠定次主流趨勢。

產業 2》營建

2023 年 8 月「新青年安心成家購屋貸款」方案上路，為台灣房市打上一劑強心針；2024 年第 1 季台灣 5 大銀行新承作放款金額創同期新高；台灣 2024 年第 1 季房屋市場景氣燈號轉紅燈，營建指數也持續創歷史新高（詳見圖 1），上述這幾個數據都是大環境上的營建股利多。

2024 年年初，在 AI 與半導體族群飆漲之際，營建類股也表現不俗，如上曜（1316）、皇昌（2543）、工信（5521）等，都有不錯的漲幅。

值得一提的是，由於建設公司囤地、開案的地點與落帳時間、入帳方式不同，都有可能會影響財報中的獲利數字，因此如果想要確定細部狀況，投資人仍須仔細檢視財報內容。如果公司今年有大案完工進帳，財報也會相當漂亮，隔年的殖利率也會跟著水漲船高，吸引喜愛投資高殖利率股族群以及存股族的目光。

不過，想要賺取價差的投資人，在檢視公司財報時，需要留心大案完工後，後續是否還有其他案件陸續完工入帳，讓公司的營收與股價獲得續航的動能。因此，在選股上，可以同步留意公司未來幾年的推案量、銷售金額等數據。

此外，投資營建類股務必留意政策風向與落地狀況，比方前面提到的「新青年安心成家購屋貸款」，如果有政策面實質利多，對於營建類股來說絕對是加分。另外也要留意到不同營建類股的營運型態與獲利模式，如營造、建築與代銷等，不同業態也會影響業績與股價表現。

產業 3》資安

跟隨趨勢走，憂慮不須有。隨著 AI、雲端運算、萬物聯網

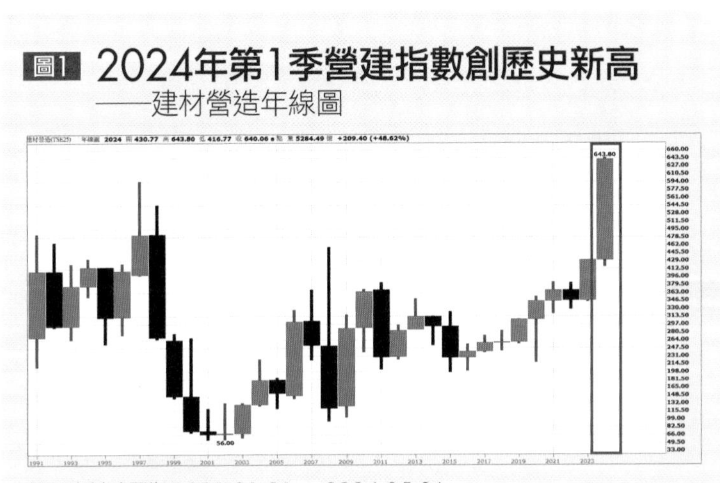

圖1　2024年第1季營建指數創歷史新高
——建材營造年線圖

註：資料時間為 1991.01.01 ～ 2024.05.06
資料來源：XQ 全球贏家

與 5G 快速發展，資安需求也愈發殷切，帶動「資訊科技」、「通訊科技」與「營運科技」蓬勃發展。

另一方面，因為設備遞延、人力缺乏、地緣政治等問題，雲端運作逐漸成為企業的營運選項，但也因為如此，資安風險急速擴大，讓全球企業高度重視萬物聯網、雲端安全與企業基礎資訊架構的資安防護。未來，結合 AI 分析機制，應用在製造、金融、醫療、零售、交通、能源等場域的資通安全產品暨服務勢必成為新藍海，龐大商機值得期待。

各國政府也紛紛將資安視為國安，積極透過政策推動強化資安漏洞，如台灣金管會推動「金融資安行動方案 2.0」。一如政策對營建股的加分，政策護航也將嘉惠資安族群，當全球 AI 趨勢與政策重點關注資安，股價表現當然值得期待。

產業 4》矽智財（IP）

AI 時代，全球科技投資趨勢從硬體製造轉向軟體開發，帶動 IP 概念股股價飛起，成為主流中的主流。尤其 IP 公司具有高毛利率、高每股盈餘（EPS）等條件推升，獲得法人資金追捧，輝達（NVIDIA）、美超微（Supermicro）等 IC 設計公司股價續創新高即為一例，而微軟（Microsoft）更在 2024 年年初打敗蘋果（Apple），迎回美股市值王寶座。

IP 公司營收來源為權利金與授權金，因為沒有工廠等生產設備，幾乎無生產成本，具備高毛利、高成長、輕資本等特性。也因為 IP 公司的毛利特別高，所以本益比也高，很容易成為高價股。

IP 公司最具指標性的代表當然是世芯 -KY（3661），其股價在 2024 年 3 月 4 日創下 4,565 元新高。其他如力旺

（3529）、M31（6643）、創意（3443）等 IP 股，都登上千金股寶座。

未來在 AI 與半導體雙主流帶領下，加上電動車、AI PC（指具備生成式 AI 功能的個人電腦）、手機等各領域都與 IP 股相關，雖然近期 IP 類股因為輝達公版晶片效能太強，導致特殊應用積體電路晶片（ASIC）的發展有暫時被推遲的跡象，但後續雲端服務供應商（CSP）持續追求算力成長的趨勢不變，特殊用途的 ASIC 晶片仍然有其優勢，IP 股一定還有戲。

產業 5》手機

手機族群低調了 2 年，在近期迎來曙光。資策會產業情報研究所（MIC）發布的趨勢觀察指出，AI 應用正在改寫手機使用者體驗。2024 年，AI 手機將滲透中高階機型，而行動通訊產業積極轉型，AI 也在其中扮演關鍵推動力。手機在生成式 AI 的應用發展將成為關注焦點，3 大關鍵 AI 應用分別為「圖像生成」、「圖文摘要」與「智慧搜尋」。

美國市場研調機構國際數據資訊（IDC）則指出，智慧型手機市場將擺脫過去幾年的衰退格局，恢復成長，預估

2024 年出貨量將達 12 億支，年增 2.8%，預期到 2028 年都會維持低個位數成長，不過整體出貨量仍低於新冠肺炎（COVID-19）疫情前。未來產品週期拉長、新興市場需求增加，以及新技術發展等因素，會是決定能否帶動市場復甦的關鍵驅動力。

IDC 同時指出，摺疊手機近年成長快速值得注意，預估 2024 年出貨量將達 2,500 萬支，年增 37%。另外，2024 年，AI 智慧型手機出貨量上看 1.7 億支，占整體手機比重約 15%，甚至超越 AI PC。

摺疊手機可以上下摺疊（貝殼機）或是左右摺疊（蝴蝶機），與一般的直立型智慧型手機相比，主要特色在於採雙螢幕設計，或是螢幕尺寸更大，為使用者帶來不同的使用體驗。手機產業從谷底翻揚，對於手機相關零組件業者是利多，尤其 AI 導入智慧型手機能否迎來換機潮，值得期待。

除了前面提到的 5 大亮點族群，也可以留意生活中的其他題材。比方 2024 年是奧運年，除了巴黎奧運，3 月起有日本東京馬拉松、韓國首爾馬拉松、德國歐洲國家盃等大型運動賽事，當然台灣也有馬拉松、自行車等賽事。投資人可以留意哪些公司因為大型運動賽事加持，可望挹注營收，進而有機會帶動股價上揚，比方成衣、製鞋業或光電族群。

另外，紅海危機如果歹戲拖棚，持續缺櫃，航運類股中的長榮（2603）、陽明（2609）與榮運（2607）應該有機會進補。題材到處有，只是有沒有用心觀察而已。

5-2 生技醫療》基本面＋剛需支撐 4檔利基股前景看俏

除了半導體、再生能源之外，生技醫療也是台灣政府的重點扶持產業。

生技醫療是生物科技的一個分支，專注於開發和應用新的醫療技術和產品，如生物製藥、基因療法、再生醫學等，生技醫療也是政府積極推動的「5＋2產業創新計畫」（註1）之一。除了規畫《生技醫藥產業發展條例》，也積極透過租稅優惠等措施，帶動國內業者發展新興生技醫藥產品，建構北、中、南生技產業聚落，希望串聯完整的生技醫藥廊帶，推動新藥、高階醫材、數位醫療與精準醫學等領域的發展。

註1：「5＋2產業創新計畫」是前總統蔡英文於2016年就職後推出的產業政策，旨在透過系統整合既有及新增的產業創新，帶動整體產業及經濟結構轉型。其中「5＋2產業」是指「智慧機械」、「亞洲．矽谷」、「綠能科技」、「生醫產業」、「國防產業」、「新農業」及「循環經濟」。

根據經濟部工業局在 2023 年底發布的統計可知，2022 年，生技投資金額為新台幣 560.29 億元，其中，製藥領域的投資金額為 309.22 億元，屬於新藥開發的投資金額為 247.42 億元，迄今已有 193 家廠商審定為生技醫藥公司，生技醫藥品項達 492 項。

工業局另一項統計數據顯示，2022 年台灣生技醫藥產業營業額為新台幣 7,009 億元，民間生技投資為 560.29 億元，至於國發基金投入生技產業的金額則達 258.87 億元。國內已有 131 家生技公司上市櫃，市值突破 1.25 兆元。

除了政策推動，由於生老病死都與生技醫療有關，故擴及疾病預防與治療、高齡保健與養生、醫美抗老化及提高自信與滿足感等身心靈需求，生技醫療能做的事有很多，只要有題材與基本面，相關族群的股價表現就算不如人工智慧（AI）、半導體等族群那般閃瞎大家的眼睛，也能如和風細雨般在適當的時候來一場春雨，滋潤投資人的小金庫。

摩根士丹利（Morgan Stanley）證券報告指出，隨著企業信心恢復以及經濟成長延續，預估 2024 年全球購併活動將較 2023 年成長 50%，其中，醫療產業是吸引人的熱點，以歐洲和北美最為熱絡。我的看法是，升息循環大致已確認結束，在市場投資氣氛改善的情況下，生技醫療產業基本面穩健，值得擇機入市，比方美時（1795）、康霈 *（6919）、承業醫（4164）、合一（4743）等，都有不同的利基。

美時》台灣唯一獲多國認證的藥廠

美時專注於新藥和學名藥的商業化，在亞洲和美國進行超過 100 個戰略製藥項目，包含 250 多種商業化產品。公司透過內部研發投資及合作授權，投資高門檻腫瘤用藥、複雜學名藥以及「505（b）（2）」（註 2）和新成分新藥（NCE）組成的多元化最佳產品組合，也是台灣唯一同時獲得美國食品藥物管理局（FDA）、歐洲藥品管理局（EMA）、日本醫藥品醫療機器綜合機構（PMDA）、中國國家藥品監督管理局（NMPA）及巴西國家衛生監督局（ANVISA）認證的藥廠。

法人表示，美時的血癌學名藥在美國的銷售量逐年向上，新加入的品牌藥陸續進入市場，2024 年可望有所表現。美時

註 2：505（b）（2）是美國申請新藥藥證的途徑之一，適用範圍包括 NCE，以及對已核准成分藥品進行改變（如改變劑型、單位含量、適應症、使用途徑，或複方組成等）之非新成分新藥。

2024 第 1 季營收 42 億元，季增 23%、年減 7%，年減主因為 2023 年 3 月血癌藥有新劑型補貨，2024 年則恢復正常拉貨。展望後市，美時表示 2024 年血癌藥出貨將隨與原廠合約進展到新一年份而有顯著提升。

由於美時的亞洲及外銷市場持穩發展，並將持續擴展新藥、505（b）（2）以及生物相似藥的產品組合，有助強化公司競爭力，維持穩健的營運表現。

康霈 *》醫美與罕病產品全球市場價值高

康霈 * 的核心產品 CBL-514 主要用在消除脂肪，其適應症有三：1. 非手術局部減脂、2. 竇根氏症（Dercum's Disease）、3. 橘皮組織。其中非手術局部減脂預計將在 2024 年年底開始送件臨床 3 期；功能罕病竇根氏症 Phase 2b（CBL-0202DD Phase 2）新藥臨床試驗（IND）已取得 FDA 授予治療竇根氏症的「孤兒藥資格認定（ODD）」，公司將可獲得更多 FDA 臨床開發協助以及 7 年市場專賣保護期等優惠措施，預計 2024 年第 2 季開始收案。

此外，CBL-514 用於醫美治療中／重度橘皮組織的 CBL-

0201EFP Phase 2-stage 2 臨床統計結果已於 2024 年 4 月出爐，統計數字顯示有顯著療效，未來預計將與非手術減脂一同尋找授權機會。康霈 * 預估，CBL-514 醫美與罕病的全球市場價值達 1,300 億美元。

承業醫》高階醫療設備布局跨足長照、寵物市場

承業醫是高階醫療設備銷售大廠，營業主力還包含租賃及連鎖藥局，在長照及寵物市場也有布局。該公司 2023 年合併營收 38.8 億元，年增 30.4%；2024 年因設備主要在下半年認列，故第 1 季業績較淡。

此外，承業醫投資 10 億元、規畫 5 年的「輻照滅菌事業」已獲核能安全委員會查廠通過，未來可能接單的產品項目包含農產品、食材、半導體晶圓及零組件，每年可望貢獻逾 50 億元的業績。

合一》糖尿病足潰瘍新藥已取得多國藥證

合一開發的糖尿病足潰瘍植物新藥「速必一（Fespixon）」，於 2023 年 11 月取得中國藥證，預計在 2024 年、2025

年的品牌建立期內拿下中國逾 300 家醫學中心的進藥許可。中國有超過 800 萬名糖尿病足潰瘍患者因無有效藥物，導致每年約有 100 萬人～ 150 萬人截肢，因此未來中國將是該藥的重要目標市場。

目前「速必一」已經拿到新加坡、馬來西亞等多國藥證，預計 2024 年上半年即可開始銷售。除已取得新藥核准上市的中國、新加坡、馬來西亞外，未來也將加速慢性傷口醫材進入其他市場的申請速度。

5-3 營建》政策加持帶旺漲勢 存股首選高殖利率股

證交所資料顯示，截至 2023 年年底，僑外資及陸資持有建材營造股的比率為 14.6%，創近 3 年新高。營建類股走勢自 2023 年 7 月約 370 點，至 2024 年 4 月底最高來到 605.31 點，上漲幅度驚人（詳見圖 1）。

台股這波漲勢主要由內資推升，2024 年 1 月～ 3 月，壽險解約金合計 4,046 億元、ETF 動輒募集千億元資金，投資行為的改變，從儲蓄險轉變成擁抱高股息 ETF，當然，買房抗通膨也成為全民運動，原因可能是預售屋交屋潮來臨、建案交屋入帳，又或者是存股族看好營建股動輒配發 5% 股息殖利率的誘因。

另一方面，受惠於「新青年安心成家購屋貸款」政策發酵，2024 年總統大選前營建類股指數明顯攀升，2024 年完工入

圖1　營建類股指數上漲幅度驚人
——建材營造日線圖

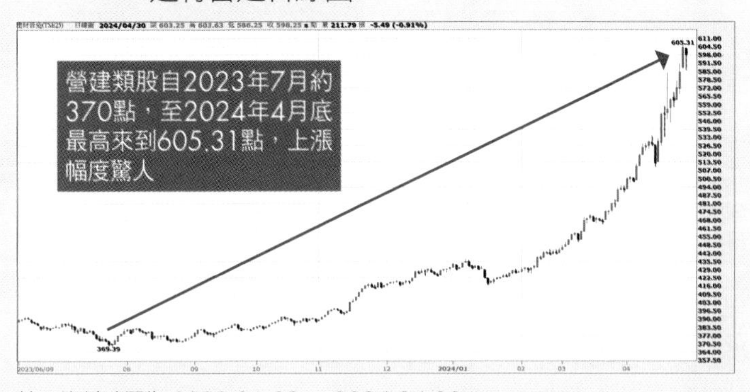

註：資料時間為 2023.06.09 ~ 2024.04.30
資料來源：XQ 全球贏家

帳能見度高的個股如國建（2501），便吸引不少買盤，股價有所表現。

展望未來，以潤隆（1808）為例，2024 年完工交屋新案有 3 大案，包含 87.67 億元的「夢悅城」、23.5 億元的「景安文匯」、97.28 億元的「台北萬芳段」，總計逾 200 億元，預計未來在手建案約達 729.41 億元。

國建 2024 年將有 3 大案、總銷 92 億元完工交屋，包含新北市「國泰和河」總銷20億元、桃園「國泰溪境」25億元，以及台中「國泰 Most+」47 億元。

昇陽（3266）2024 年除了有「昇陽國詠麗池區」持續貢獻外，另外尚在施工的個案共有 6 筆，包括總銷 24 億元的「福林路案」、總銷 30 億元的「重慶北路案」、總銷 63 億元的「ONE360 昇陽國際」、總銷 11 億元的「開封街案」、總銷 14 億元的「昇陽逸居」，另外還有預計 8 月完工的「石牌路案」，約有 5 億元新成屋可售，於 9 月推出，屆時銷售表現將再助攻營運。

除利用景氣循環特性賺價差，也可長期投資

一般的建設公司多採用「全部完工法」會計準則，也就是營收與獲利會在建案完工交屋時一次認列，空窗期只有支出，沒有營收，因此這段時間的損益很可能是負的。也因為建設公司常出現大型建案完工時認列鉅額獲利，空窗期卻又處於虧損狀態，所以類似景氣循環股。

如果投資人預期建設公司未來獲利將大幅成長，應該在建設公司處於景氣循環谷底時買進，才有可能買到股價低於每股淨

值的好價位，也就是說，如果未來有建案完工以及鉅額獲利將入帳，可以先進場低價買入公司股票，等建案完工交屋時再獲利了結，這樣操作才可能賺取豐厚的價差。

除了賺取價差，也有投資人看中營建類股的高殖利率表現，比方 2023 年配發現金股利逾 4 元的營建股約有 10 家，其中，潤弘（2597）現金股利配發 10 元、華固（2548）現金股利配發 7.5 元、永信建（5508）現金股利配發 6.34 元，配息率都很高。在 2023 年年底，我自己也有篩選適合存股的高殖利率營建股，如勤美（1532）、冠德（2520）、隆大（5519）、宏璟（2527）等，截至 2024 年第 1 季都有不錯的表現。

勤美》2024 年營收有望挑戰 200 億元新高

勤美集團旗下有金屬成型、建設住宅、生活創新等 3 大事業群，本業生產金屬成型物件，轉投資璞真建設，主要從事不動產銷售業務。自 1999 年至 2023 年，連續 25 年配發股利，營收表現相當穩定，平均殖利率為 4.28%。

勤美 2023 年合併營收為 176 億元，年增約 21%，建設住宅事業部 2023 年受惠台中百億豪宅成屋「勤美之森」及台北「璞真永吉」交屋，貢獻 17.83 億元的營收，挹注第 4 季合併營收達 46.37 億元，年增約 32.07%。

展望 2024 年，台中「勤美之森」及台北「璞真榮華」預計於上半年完成交屋，持續貢獻營收；「勤美之森」精華保留戶及台中 2 期開發案預計 2024 年第 2 季～第 3 季推出，勤美生活創新事業「勤美洲際酒店」預計第 3 季開幕，加上日本建築大師隈研吾操刀設計的「未來勤美術館」預計於年中開幕，預期將帶動台中勤美商圈另一波熱潮。法人預估，勤美 2024 年營收有機會挑戰 200 億元新高。

冠德》截至 2023 年已連續 17 年配發股利

冠德 2023 年營收為 194.43 億元，年減 9.6%，毛利率 30.2%，年營收略減，但毛利率對比 2022 年的 27.54% 成長，每股盈餘（EPS）小幅成長至 4.42 元。

冠德總經理張勝安於 2024 年第 1 季的法說會中表示，預估 2024 年上半年房市價格平穩、成交量持平，而冠德 2024 年規畫推出 111 億元預售案，加計已開案在售，整體

表1 百億元建案冠德心天匯貢獻EPS上看7元
——冠德（2520）2024年已完工建案

建案名稱	總銷（億元）	預估毛利率（%）	預估貢獻EPS（元）	銷售率（%）	完工時間
冠德信義BCF	94	54	5.89	成屋銷售	已完工
冠德大直湛	20	30	0.90	50	已完工
謙臻邸	58	30	0.04	30	已完工
冠德安沐居	50	40	0.75	30	已完工
冠德天韻	18	35	0.75	100	已完工
冠德心天匯	130	40	7.00～8.00	45	已完工

資料來源：冠德建設

銷案量約為 200 億元，目前銷售已剩 160 億元，顯示交易熱絡。

完工案部分，2024 年三重太子汽車舊廠「冠德心天匯」總銷 130 億元，以及總銷 50 億元的「冠德安沐居」從 2023 年年底完工跨年度至 2024 年持續認列（詳見表 1）。冠德開發中的百億級大案還有台電南港北儲案、新莊東元案、台中 G9-1 案等。截至 2023 年，公司已連續 17 年配發股利，平均殖利率為 4.28%。

隆大》2020 年至 2022 年殖利率皆逾 8%

高雄建商隆大 2023 年受惠於「鳳凰頌」交屋，推升第 4 季營收達 26.33 億元，年增率 165.62%。2024 年上、下半年將各有一筆個案完工，分別是上半年的透天案「鳳凰天畝 III」，總銷約 46 億元；下半年則有「鳳凰 Villa」透天案，總銷約 34 億元。

2023 年 9 月，隆大公告處分桃園大園區 4,100 多坪土地，處分利益為 1.47 億元，EPS 貢獻度達 0.6 元，預計 2024 年第 1 季交割入帳。事後來看，隆大 2024 年 2 月營收達 18.78 億元，年增 16.6 倍、月增 6.35 倍，改寫單月新高紀錄；累計前 3 月營收達 24.23 億元，年增 4.47 倍。

就配息紀錄來看，截至 2023 年，隆大已連續配息 23 年，平均殖利率為 4.73%，其中，2020 年～ 2022 年殖利率皆逾 8%。

宏璟》日月光投控撐腰提供穩定獲利＋股息

日月光投控（3711）御用營造商宏璟，2023 年營收達

23.15 億元，高雄「K27 智慧型廠辦大樓」2023 年 8 月處分給「富爸爸」日月光投控，獲利 2.86 億元，於第 3 季入帳，使得 2023 年前 3 季獲利大噴出。

2024 年，宏璟預計新完工的建案有高雄「K13 智慧型廠辦大樓」，預計第 2 季完工，該案將成為宏璟 2024 年主要業績貢獻來源。另外還有「帝璟苑」跟「宏璟青雲」的成屋銷售，可望為公司帶來穩定的營收挹注。

宏璟有富爸爸日月光投控撐腰，與日月光投控合建的廠辦案都是為日月光投控封測用途客製化打造，不但毛利高、施工期程短，且完工即完銷，能提供可預測且穩定的獲利來源。而宏璟擁有日月光投控約 4.4 萬張股票，每年亦提供宏璟穩定的股息，約可貢獻 EPS 1 元。另外，宏璟「富百田」及「蓮華段」和「台中洲際段」的建案，預計在 2026 年可望完工及銷售，潛在獲利跟題材性驚人。

5-4 資安》AI時代下的國安議題 2檔概念股展望樂觀

人工智慧（AI）世代與新興科技掀起無限可能，在數位載具彼此串聯下，網網相連簡直不要太方便，但是，這種方便也讓詐騙集團「技術升級」，民眾更需要小心提防；而企業端與製造業在上雲（指將企業的資料、應用程式和基礎設施遷移到雲端平台）或內外網相連的過程中，也須慎防因出現資安漏洞，成為駭客眼中的肥羊。

舉例來說，2018 年，輝達（NVIDIA）Tegra 晶片漏洞禍及任天堂 Switch，名為 Fusée Gelée 的漏洞藏匿於 Switch 主機核心 NVIDIA Tegra X1 晶片中，允許駭客執行任意程式，可能波及採用 NVIDIA Tegra X1 晶片的其他裝置。

2021 年，國外還發生多起大型網路攻擊事件，導致鉅額財務損失及業務中斷，例如美國保險公司 CNA Financial 遭勒索軟體攻擊，支付 4,000 萬美元贖金才順利贖回無法存取及使用的檔案內容；微軟（Microsoft）Exchange Server 遭駭客竊取電子郵件並安裝惡意軟體，至少有數萬名客戶受到 APT 組織（註 1）攻擊，其中甚至包括企業和政府機構；美國食品加工龍頭 JBS 公司遭網路攻擊，影響全球多個工廠，JBS 承認支付了 3,350 萬美元贖金。

台灣在 2023 年也有不少知名企業發生資安威脅，如華航（2610）接獲匿名網路勒贖信；微星（2377）有部分資訊系統遭網路駭客攻擊；智原（3035）資訊部門偵測到網路資安事件；大樹（6469）遭駭客攻擊，部分資料被竊取。

網路資安廠商 Fortinet 旗下的威脅情資中心 FortiGuard Labs 指出，2023 年上半年偵測到的全球勒索軟體活動與 2022 年相比，高出 13 倍之多。而台灣在 2023 上半年，遭受的惡意威脅數量較去年同期大增逾 80%，每秒有近 1.5 萬次攻擊發生，居亞太之冠；網路駭客針對台灣的攻擊次數高達 27.8 億次，較 2022 年同期成長 63.5%；在台灣偵測

註 1：APT 組織是具有高度技術和資源的駭客集團，通常由國家或企業資助，針對特定目標進行長期、持續的網路攻擊。

到的殭屍網路活動更是達 1.2 億次，全球企業遭殭屍網路攻擊的機率則增加了 126%。

此外，FortiGuard Labs 公布的《2024 全球資安威脅預測》，也進一步指出 6 大趨勢：

1. 攻擊者將採取「不攻則已，攻則勢大迅猛」的策略，注意力將轉向醫療、金融、交通運輸、公共事業等關鍵產業，對國家社會產生重大影響。

2. 網路犯罪即服務（CaaS）社群中將出現「零日掮客」，網路犯罪者將在暗網上仲介出售零日漏洞，使企業暴露於重大風險中。

3. 企業組織強化安全控制使得攻擊者難以從外部滲透，必將尋找新方法來達成目的。預測攻擊者將從目標對象的內部獲取有用資訊，藉此找到初始滲透的關鍵。

4. 預測攻擊者未來將利用更多地緣政治議題和相關事件（如美國總統大選和巴黎奧運），網路犯罪者亦可能透過生成式 AI 等新工具來支持他們的行動。

5. 攻擊者將繼續擴展威脅目標對象的戰術、技術和程序。防守方可尋找一些方法來干擾這些威脅行動，如深入研究攻擊者經常使用的 TTPs（Tactics, Techniques, and Procedures，指戰術、技巧和程序）。

6. 愈來愈多設備連網的趨勢下，網路犯罪者將加倍利用這層連結進行攻擊，比方針對 5G 基礎設施攻擊，就可能輕而易舉地破壞石油、天然氣、公共安全、交通、金融與醫療等關鍵產業。

事實上，除了企業與公部門組織容易成為駭客鎖定的對象，與民眾生活息息相關的行動裝置也無法倖免，像是有民眾接獲不明來電，對方通常以「猜猜我是誰」之類的問題作為開場，在 5 秒～ 10 秒的對話過程中，民眾的聲音就能輕易被複製，再透過 AI 技術模擬，以假冒身分撥打電話給受話者的親朋好友，藉此騙取財物，光是 2024 年 1 月～ 2 月間，就已經有 600 多件類似案件發生。

愈來愈多攻擊者透過網路釣魚簡訊散播惡意軟體，尤其新冠肺炎（COVID-19）疫情爆發後，加速民眾與企業數位轉型，導致新型網路威脅及網路犯罪發生率節節攀升。

看到這裡，很多人不免心中惴惴，因為不少人和我一樣，行動裝置很多台（例如平板電腦、手機、智慧型手表），而且彼此同步串聯，甚至用手機綁定行動支付、網路下單扣款等「機密」資訊，萬一中毒或遭駭，真的如同天要塌下來了！所以，資訊安全非常重要，尤其對企業來說，因為涉及許多商業、技術機密與客戶資訊，一旦被駭，損失的不只是贖金，還有商譽與信任感，甚至可能禍及上、下游業者，因此，說資安是「國安」問題，一點都不為過。

數位轉型及網路安全韌性並重，相關產業可望受惠

早在 2009 年，Forrester 首席分析師金德威格（John Kindervag）就提出零信任（Zero Trust Model）資安模式，也就是說，在零信任環境下，所有網路流量都是「不可信任」的，資安人員需要驗證及保護所有資源，加以限制並嚴格執行存取控管，同時檢測、記錄所有網路流量。

美國國家標準技術研究院（NIST）發布「SP 800-207 零信任架構（Zero Trust Architecture，簡稱 ZTA）」，包含身分零信任、帳號零信任、網路安全零信任、網路瀏覽零信任等，以存取控制為關鍵，執行重點包含身分驗證、特權管理、授權

機制等。多數 IT 專家認同：身分存取驗證是零信任安全架構的基礎，在身分確認前，使用者、裝置本身及應用程式等皆應被視為「不可信任」。

以微軟執行 Windows 裝置零信任的做法為例，系統會根據使用者身分識別位置、裝置健康情況、服務或工作負載、資料分類及監視異常狀況等所有可用資料，進行驗證及授權；使用 Just-In-Time 和 Just-enough-access、風險型調適型原則和資料保護等方式限制使用者存取以保護資料，同時防止攻擊者取得存取權，也會透過保護特殊許可權角色、驗證端對端加密、流量分析等方式驅動威脅偵測，以改善安全防禦能力。資訊以密碼編譯方式儲存在安全性共同處理器信賴平台模組（TPM）中，而 TPM 會使用晶片組上的金鑰／密碼編譯資料與 Azure 憑證服務進行驗證。

台灣數位安全聯盟（TWCSA）早在 2010 年就發布「Top Threats to Cloud Computing V1.0」報告，指出雲端運算面臨 7 大安全威脅：1. 不安全的介面與應用程式介面（API）；2. 惡意的內部員工；3. 共享環境造成的議題；4. 資料遺失或外洩；5. 帳號或服務遭竊取；6. 稽核與蒐證；7. 其他未知風險。由此可看出，資安問題不僅涉及硬體設備，也和軟體、使用者本身及他人有關，需提出整合性的解決方案。

2020 年，新冠肺炎疫情擴散至全球，加速企業或製造業數位轉型，資安問題成為重中之重，資安需求與商機很大。研調機構 MarketsandMarkets 指出，2022 年，全球營運技術（OT）資安市場估值約達 155 億美元，2027 年可望達 324 億美元，年複合成長率（CAGR）約 15.8%。站在投資立場，我相當看好資通訊與資訊服務業未來的發展，也長期觀察安碁資訊（6690）與宏碁資訊（6811）的走勢。

安碁資訊》成長動能來自政府法規要求

安碁資訊為宏碁（2353）集團投資的子公司，主要提供企業專業電子化資訊管理服務，除整合機房、系統、網路、資安方面的維運管理能力外，隨著雲端服務隨取即用的需求，以及巨量資料應用的崛起，也持續開發各種服務解決方案。目前主要業務包含資訊安全管理、資訊安全監控、資訊安全檢測及情資分享與維運科技安全管理。

安碁資訊總經理吳乙南表示，隨著網路攻擊手法多元且難以防範，傳統防毒軟體已經無法有效阻擋勒索軟體及惡意程式的攻擊。展望 2024 年，公司的成長動能主要來自政府法規的要求，如上市櫃公司須落實個資保護以及資安防護，以及企業為強化數位韌性投資於資安防護所帶動的營收。

此外，行政院針對台灣遭逢大規模災害或緊急狀況時所啟動的「加密分持」備份機制，先將資料分割上雲，再利用數位主權概念包裝檔案資產，這部分也會是安碁資訊可以著墨的商機。

受惠於政府機關、金融業對資安服務的強勁需求，2023 年，安碁資訊合併營收達 18.45 億元（詳見圖 1），年增 15.05%；營業利益達 2.32 億元，年增 25.64%；稅後淨利達 1.9 億元，年增 22.67%，EPS 達 8.66 元，均創新高。董事會在 2024 年 2 月底通過每股擬配發現金股利 5.2 元。2024 年第 1 季，安碁資訊的 EPS 2.03 元也創下歷年同期新高。

宏碁資訊》企業上雲及防護需求挹注成長動能

宏碁資訊是宏碁在資訊服務產業與數位雲端趨勢下的重要策略布局，長期專注於企業對企業（B2B）的 IT 應用服務，

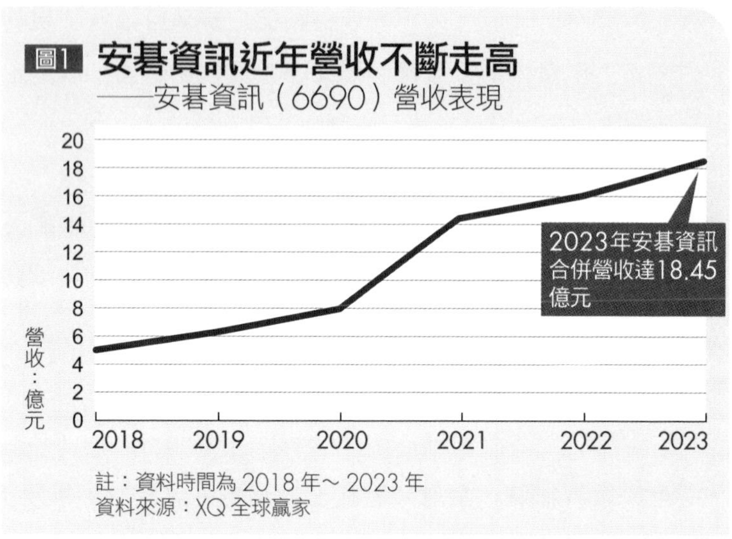

提供雲端與數位應用整體解決方案，服務包含雲端及大量軟體服務、應用開發及其他軟體服務和加值產品。宏碁資訊整合集團內資訊硬體、軟體、通訊產品、網際網路、系統開發／整合、應用平台、資通安全與資訊委外服務等核心專長，以「C3A＋P」（註2）數位轉型核心能力，全面助力企業掌握數位轉型契機。

註2：C3A＋P指Cloud Service（雲端服務）、Application（加值運用與開發）、AIoT（智慧物聯網）、Appliance（邊緣運算載具）、Platform as a Service（平台即服務）。

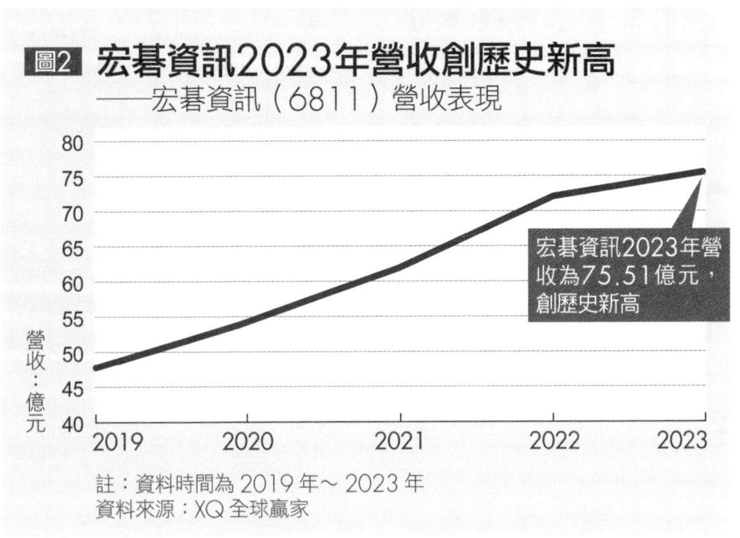

宏碁資訊以雲服務為核心，近期積極切入 AI 商機，協助企業、政府導入生成式 AI，預計 2024 年年底至 2025 年年初，AI 相關業務的營收占比可望達 10%。看好企業上雲需求與 AI 建置所帶來的資安剛性需求，宏碁資訊的營運可望維持成長態勢。

宏碁資訊 2023 年營收為 75.51 億元，創歷史新高（詳見圖 2）。2024 年第 1 季營收為 21.7 億元，季增 26.2%、年增 19.9%。展望 2024 年，隨著雲端服務逐漸成熟，客戶對於雲端加值與顧問技術服務的依賴程度逐漸提高，加上生成式 AI 帶動的技術翻轉，將促使雲端服務需求快速擴大，而企業導入雲端服務的同時也將同步部署資安防護，資安剛需勢必帶動公司未來的成長動能。

5-5 IP、IC、ASIC》成長可期 半導體3題材吸睛

科技時代，各種人工智慧（AI）智能產品推陳出新，每個產品的背後都有著不同的專業分工與精密技術，而設計和開發高智能產品當然需要龐大的資源與專業知識，尤其是與 AI 關係密切的半導體產業，每一種不同製程的晶片都是智慧的結晶。

一如時尚精品，沒有設計師發揮創意與專業設計出圖稿，不會有後端的製程與量產。在半導體領域中，矽智財（IP，又稱「智慧財產權核」）的地位就如同時尚精品的設計師一樣，至於積體電路（IC）設計、特殊應用積體電路晶片（ASIC）需求也同樣具有「智財」概念，在 AI 世代具有舉足輕重的地位。

IP》提供晶片設計、電路等模組

生活中充滿各種智慧財產權的案例，如專利、商標、版權等，

都算是寶貴的資產，並且有價。而半導體產業中的 IP 模組可重複使用，包含邏輯單元、晶片設計、電路等，都是由專業的 IP 供應商提供，讓半導體公司可以因為 IP 供應商的協助而快速地開發新產品。

比方半導體垂直整合製造商（IDM）可能已經擁有初步的產品概念，卻缺乏專業知識與資源來設計及開發所需電子組件，所幸可以向 IP 供應商購買設計模組，藉此節省時間與資源，快速開發產品。

IP 的應用相當廣泛，如半導體設計、AI、嵌入式系統、汽車產業、安全性加密或驗證、圖像處理、通信與聯網等領域（詳見表 1），IP 公司的營收則包含授權費用、技術轉讓、設計服務或自有產品開發等來源。如世芯 -KY（3661）、創意（3443）、智原（3035）、晶心科（6533）、力旺（3529）、M31（6643）、金麗科（3228）等，都是台灣知名的 IP 公司。

IC 設計》供應設計晶片所需的軟體

IC 設計公司同樣位於半導體產業鏈的上游，專門供應設計

表1 IP可應用於半導體設計、AI等領域
——IP的多元應用

領域	用途
半導體設計	處理器核心、記憶體控制器、模擬電路等
人工智慧（AI）	機器學習（Machine Learning，簡稱ML）與深度學習（Deep Learning，簡稱DL），包含圖像辨識、語音辨識和自動駕駛系統等
嵌入式系統	工業自動化、醫療設備、智慧家庭與汽車電子控制系統等
汽車產業	車載娛樂系統及車載通信等
安全性加密或驗證	加密、身分驗證及支付系統等，以確保通信及交易安全
圖像處理	影像感測器、圖像處理器與壓縮技術，能廣泛應用於智慧型手機、數位相機、監控系統、3D虛擬實境（VR）頭盔等領域
通信與聯網	無線通信晶片與基站設備，協助無線通信標準（如Wi-Fi、藍牙）及網絡通信協議

晶片所需的軟體，也就是電子設計自動化（EDA）工具。工程師只要利用這些工具就能把設計圖轉換成電路圖，協助業者開發出不同的晶片。像是專門設計手機通訊晶片的聯發科（2454）、開發電腦晶片的威盛（2388）與矽統（2363）等，都是知名的 IC 設計公司。當然，有些設計商也會為了節省開發資源，直接向 IP 公司購入現成的電路架構與設計模組。

ASIC》創造產品及服務差異性

值得一提的是，AI 成為科技業下一個 10 年領航者，但是 AI 應用相當多元，需要高度客製化的 AI 晶片，所以除了全球 AI 晶片龍頭輝達（NVIDIA）、超微半導體（AMD）推出超級晶片，谷歌（Google）、微軟（Microsoft）、臉書（Facebook）母公司 Meta、亞馬遜（Amazon）等 4 大國際大型雲端服務供應商（CSP）也早已切入自研晶片領域，希望透過 ASIC 創造產品及服務的差異性，與通用圖形處理器（GPU）做出區隔，提高產品競爭力。因此，未來 AI 趨勢下，ASIC 相關概念股也會有磁吸效應，吸引買盤入場。

美系外資估計，至 2027 年，AI 運算市場年複合成長率（CAGR）將達 30%，台系 IP 業者將在特用晶片中扮演重要角色，如世芯 -KY、創意、台積電（2330）都將成為特用晶片落地的推手。

摩根士丹利（Morgan Stanley）證券出具的「ASIC 設計服務產業」報告即指出，ASIC 異軍突起，成為高速成長區塊，ASIC 產業將受惠於車用高效能運算（HPC）、安謀（ARM）架構中央處理器（CPU）成為伺服器主流、半導體 IP 正推動下世代AI晶片設計等3項利多，成為下一波值得關注的族群，因此給予世芯-KY、智原、愛普*（6531）、M31、晶心科等5大廠「優於大盤」的評級。

我也相當看好IP、IC設計與ASIC的未來發展，早在2023年就特別研究相關個股的表現，如世芯-KY、智原、晶心科等。至於聯發科，除了具備IC設計題材外，還有手機與電子商務D2C（註1）題材值得留意。下面，將進一步幫大家詳細介紹這幾檔個股：

1. 世芯-KY

世芯-KY從事ASIC和系統單晶片（SoC）設計及製造生產業務，尤其擅長高複雜度、深次微米先進製程晶片。

亞馬遜、特斯拉（Tesla）及微軟都採用世芯-KY的IP。其中，亞馬遜的第2代晶片與前一代相比，吞吐量提高了4倍，延遲降低了10倍，而且採用台積電7奈米工藝及CoWoS先進封裝連接ASIC至高頻寬記憶體（HBM）。

註1：D2C的英文全稱是Direct-to-Consumer，是指「直接面對消費者」的一種商業模式，也就是不透過中間商的協助，由製造商直接將產品賣給消費者的運作模式。

世芯-KY總經理沈翔霖表示，世芯-KY 2024年的成長會「非常非常強」，而且將續創新高。面對輝達、安謀等業者搶進ASIC市場，世芯-KY不怕競爭，將繼續拓展ASIC市占率。

沈翔霖表示，客戶對5奈米製程生產的晶片非常有信心，若一切順利，2025年會看到量產，若有延遲，主要營收將會從2026年開始貢獻。至於委託設計（NRE），北美需求也非常強勁，預估業務會較2023年成長。

世芯-KY 2023年合併營收304.82億元，年增1.22倍，首度突破300億元大關。根據金融數據和軟體公司FactSet調查顯示，高達16位分析師對世芯-KY做出2024年EPS預估：中位數由45.41元上修至79.55元，最高估值達96.87元，最低為59.32元。世芯-KY 2024年第1季財報顯示，合併營收為104.9億元，季增13.7%、年增83.5%；稅後淨利12.3億元，季增9.9%、年增111.3%，每股淨利15.83元，2024年5月初股價為2,835元左右。

2. 智原

智原主要營業項目為研究、開發、設計服務、生產、製造、銷售等，主要產品有3個，分別是：

① ASIC 產品量產（營收占比 63%）：客戶委託設計並經客戶驗收試產，再由智原代為量產（MP），以晶圓或封裝 IC 出給客戶。由於量產營收有重複性，無須再投入研發（RD）資源，有較佳營運槓桿。

②委託設計服務（營收占比 24%）：客戶委託開發設計 ASIC 服務。智原提供產品設計時所需的電路設計元件資料庫及各種 IP 元件，並製作光罩組電路圖，委託代工廠生產光罩、晶圓、切割及封裝，由智原做產品測試及品質控管，最後再交予客戶試產樣品。

③ IP 授權（營收占比 13%）：IP 可授權由客戶自行整合，或作為 ASIC 專案設計選購元件。IP 授權的營收主要來自晶圓廠——晶圓廠客戶使用智原 IP 會支付費用給晶圓廠，晶圓廠再付給智原。

智原 2024 年第 1 季營收為 25.79 億元，季減 8.7%、年減 21%，其中 IP 授權 3.29 億元，季減 5.2%、年減 13.9%；NRE 則以 6.27 億元創歷史新高，季增 110.8%、年增 1.6%；ASIC 產品量產 16.23 億元，季減 25.5%、年增 28.3%。

智原的 NRE 走向先進製程，營收將大幅成長，同時也因與 ARM 合作平台開發，期望 2025 年開始可以對接各種客戶需求。近年智原因從成熟製程轉向先進製程，使 2024 年所需資源大幅提升，2024 年營運較有壓力，但若展望 2025 年量產營收恢復正常，加上先進製程產品持續擴大，且 ARM 相關營收開始貢獻，法人估計將有機會挑戰 1 個股本。

3. 晶心科

晶心科近年來持續著力於 RISC-V（一種通用語言，任何人都可以使用它來編寫程式）市場，2023 年推出的產品包含 AndesAIRE™、高算力向量處理器 AX45MPV、亂序執行的 AndesCore™ AX60 系列，以及全面符合車規 ISO 26262 認證的 AndesCore™ N25F-SE 處理器。

晶心科 2023 年年底與兩家德國業者 TASKING 及 MachineWare 進行三方合作，提供協助客戶加速開發車規級 IC 的解決方案。車用產品在 2023 年第 4 季開始有成果，AndesCore™ N25F-SE 是業界第 1 個通過 ISO 26262 安全標準認證，符合汽車應用所需的 RISC-V CPU IP，拿到認證資格將有助於客戶通過晶片認證關卡，未來公司可望推出更多通過安全認證的 IP。

此外，Meta 有 2 款用於 AI 加速器開發的 MTIA 晶片採用晶心科 AX25-V100 的 IP，加上晶心科導入全新產品線 AndesAIRE™，可以針對邊緣及終端裝置 AI 推論帶來極高的計算效率，隨著出貨量攀升，權利金將挹注營收。

晶心科 2023 年共推出 6 個 CPU Core（中央處理器核心），2024 年第 3 季～第 4 季也會推出新產品，包含針對高運算及高安全需求的 AndesCore™ D45-SE。2024 年 3 月合併營收為 0.86 億元，年增率 48.96%。

未來車用將帶動營收快速成長，晶心科預計在 2024 年下半年將分別推出 AndesCore™ D45-SE、AndesCore™ D23-SE 等新產品，提供客戶高運算、Low-Power（低功耗）選擇。公司指出，隨著 2024 年人員擴充告一段落，獲利結構有望大幅改善，加上 AI、車用成長性強，隨著營收成長，2024 年將有望轉虧為盈。

4. 聯發科

近期聯發科受惠於旗艦型 SoC 產品進度超前、智慧終端平台（Smart Edge Platforms）業務發展順利，加上 Wi-Fi 7 具想像空間、高股息 ETF 資金湧入等利多，在 2024 年 3 月和台積電一起上演「兩個人的武林」，扮演台股多頭指標。

法人認為，聯發科旗艦型 SoC 產品已逾 10 億美元，Smart Edge 已看到網通急單，預期第 2 季投片量將提升，加上 Wi-Fi 7 導入及 5G 滲透率提升，有助推升物聯網（IoT）業務成長，這些都會成為聯發科 2024 年的主要營運動能。

市調機構 Canalys 公布 2023 年第 4 季各大手機 SoC 導入機種銷售數據，其中，搭載聯發科 SoC 機種的手機銷量突破 1 億支，穩居冠軍；第 2 名為蘋果（Apple）的 7,800 萬支；第 3 名則是高通（Qualcomm）的 6,900 萬支。此外，聯發科 AI 手機晶片天璣 9300 可能直接在 2024 年下半年推出新款旗艦版天璣 9400 產品，對上勁敵高通自研晶片 Oryon 的驍龍 8 Gen4。

據了解，聯發科天璣 9400 將採用台積電 3 奈米製程，可執行大型語言 Llama-2-7b，處理速度達 12-15 tokens/s，沿用 8 大核架構，包含 1 顆 Cortex-X5、3 顆 Cortex-X4 及 4 顆 Cortex-A720。

聯發科 2024 年第 1 季營收 1,334 億元，季增 3%、年增

39.5%，EPS 19.85 元，年增 86.6%，創近 2 年單季新高。聯發科預估，2024 年整體手機出貨量成長低個位數至 12 億支，隨著 4G 到 5G 轉換週期，產值成長將高於 15%。而聯發科藉由旗艦機滲透率提高，預估其旗艦手機 SoC 營收成長將超過 50%，整體合併營收增長預估將高於產業。

法人則持續看好聯發科於 AI 領域的發展，短期有天璣 9300 及天璣 8300 切入 AI 手機與 AI 平板市場的利基，長期則有 Windows on ARM、企業 ASIC 以及高速 SerDes 等產品預計於 2025 年下半年量產的利基。由於聯發科在 AI 領域的布局廣泛，長期成長性可期。

5-6 手機》AI應用改寫用戶體驗 帶旺晶片、鏡頭供應鏈

資策會產業情報研究所（MIC）在 2024 年 3 月舉辦《MWC 2024——瞻望未來：AI 世代，智慧通訊創新局》研討會，發布 5 大觀展趨勢：

1. 人工智慧（AI）應用正在改寫手機使用者體驗，2024 年 AI 手機將滲透中高階機型。
2. 行動通訊產業積極轉型，2024 年 AI 將扮演關鍵推動力。
3. 2024 年行動通訊系統業者將為電信商提供客製化方案。
4. 2024 年成 5G 網路新分水嶺，晶片廠競爭將邁入新篇章。
5. 華為高調參展，再度為通訊系統市場帶來衝擊。

AI 應用正在改寫手機使用者體驗，實現更便捷的生活。手機生成式 AI 應用 3 大關鍵分別是「圖像生成」、「圖文摘要」

與「智慧搜尋」，可以解決用戶拍照出現無關人事物的痛點；以一鍵指令摘錄長篇文章重點，提供虛擬助理圖片與指令以生成其他不同圖片；透過相機拍攝畫面，結合手指圈選與 AI 辨識功能，即時辨識內容物並快速搜索。

2024 年開啟 AI 手機元年，各大品牌爭相推新品

事實上，在 2024 年的世界行動通訊大會（MWC）上，有一款 AI 產品相當受到矚目，該產品是美國新創公司 Humane 推出的 AI 裝置「AI Pin」，重量只有 56 公克，可以像胸針一般配戴在身上，而且具備基本上網、通話功能，還能即時翻譯、拍照，號稱能取代智慧型手機。AI Pin 的關鍵技術是生成式 AI，並導入大型語言模型 GPT-4，可以讓用戶下指令。

AI Pin 是一種新型電腦，用戶可以與它交談，並由 AI 代表用戶執行查詢，最強大的功能是把資訊投影在手掌上互動。AI Pin 裝置本身沒有任何螢幕或按鈕，純粹是靠語音、相機及手勢操控，搭載高通（Qualcomm）AI 處理器，內建鏡頭達 1,300 萬像素。可以想見，未來的 AI 手機只會更多元、新奇、有趣。

2024 年可說是 AI 手機元年，三星（Samsung）、華為、OPPO、vivo 等手機品牌廠都陸續推出了 AI 新款旗艦機，加速全球手機市況復甦。

IDC（國際數據資訊）預估，2024 年 AI 手機的出貨量上看 1.7 億支，約占整體智慧手機的 15%；整體智慧手機的出貨量則上看 12 億支，年增 2.8%，可望重拾失落已久的手機榮景。

市調機構 Counterpoint 更預測，2027 年，內建生成式 AI（AIGC）功能的手機出貨量將超過 5 億支，其中，晶片處理器及鏡頭等關鍵零組件需求將為聯發科（2454）、大立光（3008）等台廠注入營收，台積電（2330）、玉晶光（3406）、耕興（6146）、欣興（3037）等 AI 手機供應鏈也可望受惠。

的確，揮別了自 2021 年第 3 季開始連續 14 季的庫存調整，全球手機出貨終於見到轉機。法人推估，2024 年手機出貨量將轉為年增 3.5% ～ 4%，晶片大廠高通最新 2024 年第 2 季財報也給出樂觀的營收以及獲利展望，為智慧型手機市場復甦趨勢注入強心針。

除了庫存去化告一段落，2024 年手機規格大升級也將推動買氣。蘋果（Apple）的 iPhone 除了全系列鏡頭升級至 4,800 萬畫素外，iPhone 15 Pro Max 更導入 5 倍變焦潛望式鏡頭，可望將潛望式鏡頭推向主流規格；三星則推出號稱 AI 手機的 Galaxy S24 系列，配備的搜尋圈、即時語音翻譯等新潮功能讓人期待更多 AI 手機應用。

AI 手機的關鍵在於晶片算力足以應付大型語言模型。像是高通的 S8 Gen 3、聯發科的天璣 9300，就都具備了初階 AI 功能，隨著後續晶片規格的提升與應用，可望掀起一波換機潮。

研調機構集邦科技（TrendForce）預估，2024 年全球智慧型手機相機鏡頭出貨量年增 3.8%，約達 42.2 億顆。2023 年蘋果 iPhone 15 Pro Max 所搭載的獨家四稜鏡式（Tetraprism）望遠長焦鏡頭模組，不僅帶動其他品牌廠增加潛望式鏡頭模組的搭載率，預期蘋果也會擴大搭載到 iPhone 16 Pro 等產品上。

隨著 AI 手機成為主流，台灣有許多相關的供應鏈，例如大立光、玉晶光、耕興、欣興等，都能受惠。

大立光》高規格相機鏡頭被多家手機大廠採用

由於三星、華為、小米等多家手機大廠，都主打 AI 功能的最新旗艦手機，而高通也發布了使用於安卓（Android）智慧手機的最新模型：大型語言和視覺助理（LLaVA）及低秩適應（LoRA，主要用於長距離傳輸少量數據），可以看出各大品牌旗艦手機都搭配了高規格的相機鏡頭，讓鏡頭廠大立光受惠最多。

大立光以 1,000 萬畫素以上鏡頭為主，營收占比約 40% ～ 50%、2,000 萬畫素以上的鏡頭占比約 30% ～ 40%、800 萬畫素鏡頭產品占比約 0% ～ 10%、其他產品占比約 20% ～ 30%。據了解，韓國手機大廠三星 2024 年 1 月 18 日發表的首款 AI 手機 Galaxy S24 系列，就是使用大立光潛望式鏡頭；大立光也是中國電信設備製造大廠華為影像旗艦 P70 系列的主要潛望式鏡頭供應商。

大立光董事長林恩平表示，在 2024 年 1 月、2 月訂單中，高階手機需求較佳；而 MG + 6P（註 1）混合鏡頭預期在 2024 年下半年會看到產品應用；至於長焦潛望鏡頭、潛望鏡頭以及主鏡頭 G + P（玻璃＋塑膠）等的開案數，也都有所增加。

大立光 2023 年合併營收為 488.42 億元，年增 2%，每股稅後盈餘（ESP）為 134.13 元；2024 年，前 4 月合併營收 147.71 億元，年增 23%。

玉晶光》MR、AR、VR 鏡頭訂單帶動獲利拼新高

玉晶光已成功取得蘋果 iPhone 16 潛望式鏡頭認證，未來將與大立光分食訂單。此外，玉晶光也拿下了蘋果首款混合實境（MR）頭戴式裝置 Vision Pro 的 Pancake（餅乾）鏡頭獨家供應商訂單。

此外，玉晶光近年積極跨入車載及擴增實境（AR）／虛擬實境（VR）鏡頭等應用領域，已經成為 Meta Oculus Quest 系列（混合實境技術）的主要鏡頭供應商。據了解，中國科技龍頭騰訊也將在 2024 年年底獨家代理銷售平價版 VR 頭戴

註 1：MG 指的是模造玻璃（Molding Glass），可以使手機更為輕薄。鏡頭可分為塑膠透鏡（Plastic）和玻璃透鏡（Glass），後者的透光性及成像品質更好，但成本也更高，所以手機鏡頭多由塑膠鏡片組成。如果鏡頭是由 6 片塑膠鏡片組成，就稱為 6P（Plastic）鏡頭。

裝置，玉晶光可望同步受惠。

玉晶光 2024 年 3 月合併營收 19.6 億元，月增 47.57%，為同期新高，年增 86.32%。累計 2024 年第 1 季合併營收 52.37 億元，年增 57.36%。

玉晶光表示，3 月工作天數正常，所以營收較 2 月大幅提升，此外，第 2 季雖是傳統淡季，但因客戶有需求，所以整體營運應該會比 2023 年成長，最終實際營收狀況還是要依客戶拉貨為準。

法人預估，由於蘋果、中系與日系客戶都在出貨，而且需求提高，加上 VR、MR 產品的貢獻將持續放大，預期 2024 年玉晶光的獲利可望創下新高。

耕興》在高階網通測試領域領先同業

受惠於 5G 手機及 AI 手機、人工智慧電腦（AI PC）與 AI 伺服器，以及 Wi-Fi 6E、Wi-Fi 7 等趨勢，檢測實驗室廠耕興持續擴產，在 2023 年年底開始有 5 個新測試場地到位，預期營收貢獻將從 2023 年第 4 季開始，一路延續至 2024 年下半年。

耕興表示，2024 年終端裝置生成式 AI 的應用引爆 AI 手機、AI PC 等換機潮。此外，隨著手機晶片大廠陸續推出新款手機，加上英特爾（Intel）Raptor Lake（第 13 代英特爾酷睿中央處理器的代號）規格等陸續推出，將掀起手機、桌上型電腦（PC）、筆電（NB）換機潮，而 Wi-Fi 7 也將成為 2024 年的新主流規格。

耕興已於 2024 年 2 月間為固定無線接取（FWA）設備大廠 Tarana 及網通晶片大廠博通（Broadcom）測試專案，分別取得美國聯邦通訊委員會（FCC）驗證證書，也陸續接獲其他網通大廠的測試專案，目前已有多項 6 GHz Standard Power AFC 產品（註 2）驗證進行中，在高階網通測試領域領先同業。

耕興 2024 年前 3 個月累計營收為 11.44 億元，年減 11.36%。不過，耕興已開出 5 個新測試區陸續投入手機

註 2：6 GHz Standard Power AFC 產品指的是在 6 GHz 頻段運作，且支援自動頻率協調的無線存取設備。

SAS、Wi-Fi 6E／7 AFC 等測試，預估營收貢獻將持續到2024 年下半年。

欣興》獲輝達認證第 2 大 ABF 載板供應商

美系外資券商出具的報告指出，欣興已獲輝達（NVIDIA）認證，成為 B100 圖形處理器（GPU）ABF 載板的合格供應商，是僅次於日商揖斐電（Ibiden）的第 2 大供應商，不過，B100 GPU 的生產難度較高，欣興目前的良率比揖斐電低，而且訂單占比仍低，獲利貢獻有限。

欣興 2023 年每股稅後盈餘為 7.88 元，美系外資券商預期欣興 2024 年、2025 年 EPS 可望連 2 年成長。欣興 2024 年 3 月營收 89 億元，月增 7.5%、年增 2.7%，符合法人預期，故法人機構認為，欣興營運谷底已過，預估 2024 年全年 EPS 約為 8.7 元。

2024 年台股開年就相當精彩，從 2022 年 10 月底的前波低點 12,629 點，上漲至 2024 年 4 月 10 日的新高 20,883 點，18 個月內上漲了 8,000 多點，提早交出 2 萬點的好成績。之後雖經過近千點的回檔整理，但到 5 月又迅速站回 2 萬點之上。

接下來台股怎麼走，我不預設立場，但是機會永遠都在，只要投資人能掌握大環境變化與長、短線趨勢，鎖定優質標的，並且嚴格遵守前面分享的原理原則，最重要的是不要讓心亂飛，堅守紀律，不讓情緒主宰，一定能提高勝率，享受甜美的果實。

Chapter 6

提高致勝機率

6-1 緊跟AI、半導體浪潮 2策略篩出三位一體潛力股

2024 年台股飛龍在天，在美股主要指數屢創新高、美股「科技七雄」（註 1）的帶領下，人工智慧（AI）、半導體概念股帶頭衝，一路開掛，尤其台積電（2330）更是「積」情四射，帶動相關類股輪漲，台股不僅萬八未明顯遇壓，還直奔萬九，3 月 5 日盤中最高見到 19,453 點新高，2 萬點近在咫尺。

台股 2024 年 1 月到 3 月初這波「騷操作」跌破大家眼鏡，很多研究機構在 2023 年年底或 2024 年年初預估時，都認為台股要在 2024 年下半年，甚至第 4 季才可能攻上萬九，沒想到台股在 2024 年 2 月、3 月時就已經飛越萬重山，軋

註 1：美股「科技七雄」是指谷歌（Google）母公司 Alphabet、臉書（Facebook）母公司 Meta、蘋果（Apple）、微軟（Microsoft）、亞馬遜（Amazon）、特斯拉（Tesla）及輝達（NVIDIA）。

得空軍、空手暈頭轉向，也軋手中沒有 AI 或半導體持股的投資人，市場甚至出現「2024 年台股 2 萬點將成為新常態」的樂觀預期。當然，事實證明，沒有最高，只有更高，台股不但有高殖利率個股，還有完整的 AI 與半導體相關供應鏈，表現亮眼，使得台股在 4 月 10 日盤中再創 20,883 點新高。

盤勢》台積電、聯發科領軍，AI 與半導體股狂飆

權王台積電及聯發科（2454）領軍拉抬這波泛 AI、泛半導體概念股上揚，甚至與之相關的 ETF 也同步受惠，台積電 2024 年 3 月 5 日盤中續創 738 元新高價；聯發科則在 3 月 1 日創下 1,165 元近期高價、3 月 5 日收盤價 1,155 元，2 檔 AI 指標股都是從 1 月中旬向上狂奔。1 週後，台積電與聯發科又雙雙在 3 月 8 日當天，再創 796 元與 1,275 元新高價（詳見圖 1）。

這一波台股 AI 與半導體股價狂飆，和美國 AI 伺服器及儲存技術大廠美超微（Supermicro）、微處理器大廠超微半導體（AMD）以及 AI 晶片大廠輝達的股價噴出表現相互輝映，而台灣半導體供應鏈與這些龍頭指標多具有上、下游之間的夥伴關係。

被市場譽為「妖股」的美超微，股價從 2023 年起至 3 月初已暴漲約 1,000%，市值創下 506.46 億美元新高，3 月 18 日正式納入標普 500 指數（S&P 500）成分股。

輝達於 2024 年 2 月公布的會計年度第 4 季營收也讓市場驚豔，較 1 年前的 60 億美元暴增至 220 億美元左右（約合新台幣 7,012 億元）。由於輝達的專業 AI 晶片市占率高達 95% 以上，還能廣泛應用於加密貨幣挖礦、車輛自動駕駛以及 AI 模型訓練，市場預期未來將會持續成長。同時，輝達市值也於 2024 年 3 月初躍居為全球第 3 大，排名僅次於蘋果及微軟。

過去 1 年間，超微半導體股價上漲逾 150%。巴克萊銀行（Barclays）分析師湯姆．奧馬利（Tom O'Malley）於 2024 年 3 月初表示，超微的資料中心圖形處理器（GPU）MI300 晶片銷量將遠超預期，預估超微半導體 2024 年的資料中心 GPU 營收將達 45 億美元、2025 年可達 92 億美元，並將目標價由 200 美元調高至 235 美元。

台積電總裁魏哲家於 2024 年 1 月的法說會上透露，AI、高效能運算（HPC）需求強勁，2024 年營收有望繳出年增

圖1　AI題材夯，台積電、聯發科股價雙雙飆漲
——台積電（2330）、聯發科（2454）日線圖

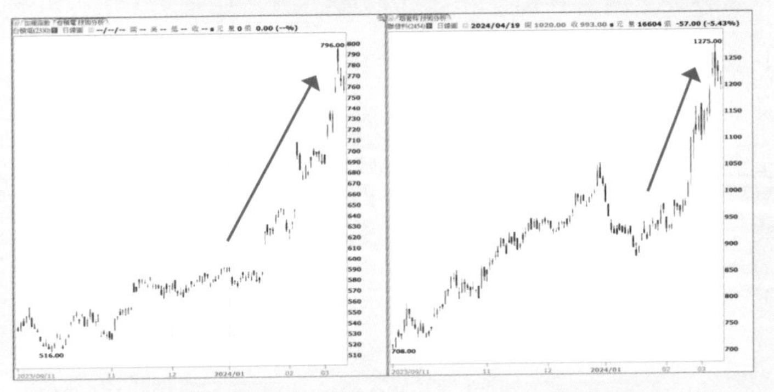

註：資料時間為 2023.09.11 ~ 2024.03.12
資料來源：XQ 全球贏家

21% ~ 25% 的成績單。儘管第 2 季法說會後，台積電小幅下調整體半導體復甦的成長性，但是對於本身營運的成長還有資本支出，保持強勁的信心。

未來，除了台積電、聯發科等權值股，台股中的輝達概念股，如輝達高階 AI 伺服器主要的原始設計製造商（ODM）鴻海（2317）、廣達（2382）；銅箔基板（CCL）與印刷電路板（PCB）相關的健鼎（3044）、台光電（2383）、聯茂（6213）、台燿（6274）；液冷散熱廠商雙鴻（3324）、奇鋐（3017）、高力（8996）等，均可望受惠。

至於美超微概念股，也可以留意封測廠華泰（2329）與板卡廠麗臺（2465）；2.5D／3D 封裝技術 CoWoS 的台積電、日月光投控（3711）、京元電子（2449）；矽智財（IP）的世芯-KY（3661）、智原（3035）、創意（3443）；散熱三雄奇鋐、雙鴻、建準（2421）；AI 伺服器的廣達、緯創（3231）。

我在 2023 年年底的一場投資講座中提出「三位一體強 AI 族群值得留意」的看法，所謂的「三位一體」指的是業績好、市場認同度高、籌碼乾淨（融資少、大戶持股多），如晶圓代工的台積電；AI 伺服器的廣達；PCB 的健鼎、台燿（詳見圖 2）；散熱三雄與健策（3653）；機殼類股的勤誠（8210）、營邦（3693）；網通族群的上詮（3363）、華星光（4979）與智邦（2345）。

值得一提的是，雖然盤面主流是 AI 及半導體族群，但傳產股中的能源、重電與汽車 AM（售後維修）股的表現也相對強勢。此外，2024 年 7 月 26 日即將登場的「2024 年巴黎奧運」，可望帶動運動休閒甚至觀光熱潮，建議投資人不妨留

圖2 台燿股價緩步上升
——台燿（6274）日線圖

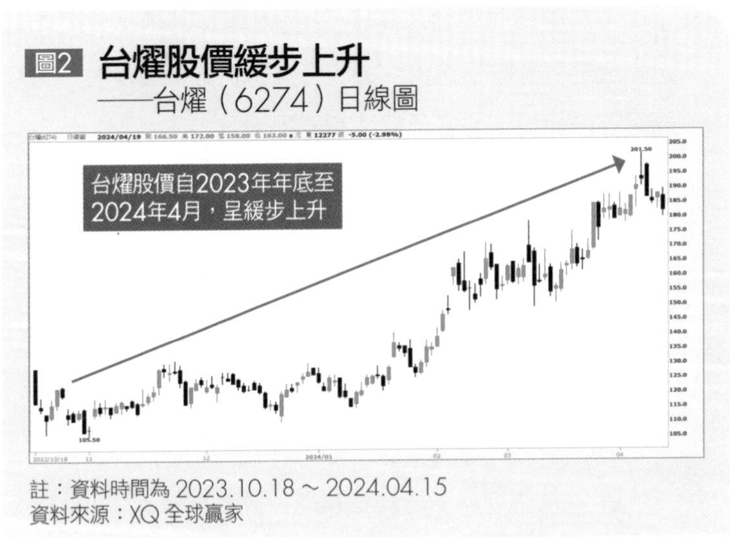

註：資料時間為 2023.10.18 ～ 2024.04.15
資料來源：XQ 全球贏家

意具有奧運題材的傳產股，如紡織股的聚陽（1477）、儒鴻（1476）。

策略 1》穩中求變，擇機介入主流＋看好族群

2024 年，我的操盤策略是「穩中求變」，除了盤面主流 AI 與半導體，也會視大環境變化，如全球經濟趨勢與政經、產業變化擇機介入看好的潛力族群，而在 1 月～ 3 月台股與美股一波漲勢凌厲的表態後，不論 2 萬點是「地板」還是「天

花板」，不論美國聯準會（Fed）2024 年是否降息或何時降息，建議謹記「選股不選市」的概念，當然，選股及操作過程中，要謹守前面提到的各項原理和原則。

由於台灣供應鏈的股價深受美國客戶的財報影響，操作相關個股時建議：

1. 產品愈單純愈好。
2. 客戶比重愈集中愈好。
3. 毛利率、營業利益率與技術難度，愈高愈好。
4. 股價漲幅落後或具有隱藏漲幅者，宜擇優介入。
5. 個股股價價量齊揚者，可適時介入。
6. 產業前景明確，短套可續抱等待。
7. 產業趨勢及公司營收健康者，可趁個股股價回檔修正時進場或加碼布局。
8. 空手者可從美國和台灣個股財報公布後，從中挑選符合前述條件的個股進場。

此外，進入 2024 年第 2 季上市櫃公司公布財報、股東會旺季，在 1 月～ 3 月強漲之後，台股是否會進入整理、過熱修正，或是維持高檔震盪？新台幣升貶與資金動能狀況，又要

圖3 隨著投信持續買超，洋基工程股價緩升
——洋基工程（6691）日線圖

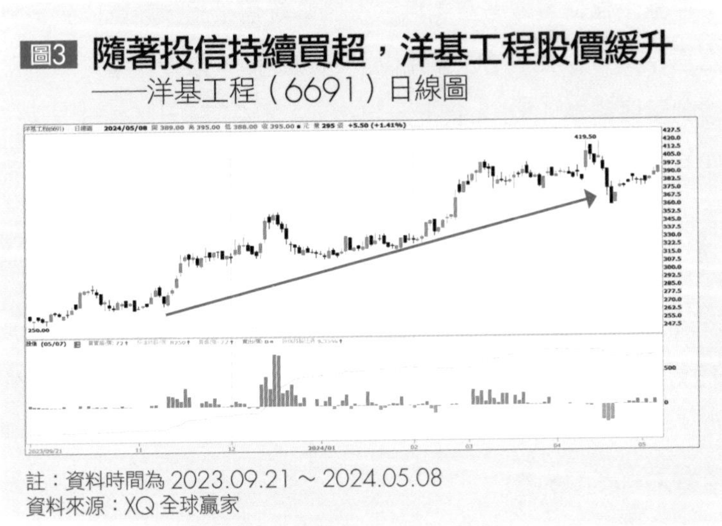

註：資料時間為 2023.09.21 ～ 2024.05.08
資料來源：XQ 全球贏家

如何得知？上述情形，投資人在選股的過程中，務必要謹慎留意。

策略 2》觀察 ETF 成分股，從中選出強勢標的

2024 年，我也特別留意債券市場的變化，甚至留意 ETF 以及與之相關的強勢個股變化，比方 1 月時，元大台灣高息低波（00713）所納入的洋基工程（6691），就兼具了 ETF 資金與台積電建廠的話題（詳見圖 3）。

洋基工程從事廠房空調無塵室機電統包工程，為國內少數具備承作單一工程逾 50 億元以上的服務商。2023 年，洋基工程的營收約為 155.1 億元，年增 11.1%，雖因原物料上漲，使毛利率下滑至 17.4%，較前 1 年減少 1.8 個百分點，但稅後盈餘約 17.6 億元，營收及獲利仍同創歷年新高。

2024 年第 1 季，洋基工程的營收 27.54 億元，年減 22%，主要受部分中國 PCB 客戶資本支出減少，並轉往海外設廠影響。公司表示已跟隨客戶向海外布局，預計第 2 季就會有來自泰國的營收。

展望後市，台灣部分將隨國內客戶擴廠計畫穩定成長，另外，洋基工程在 2024 年 4 月 11 日公告拿下艾司摩爾（ASML）林口園區新廠統包工程案，總金額 98 億元；海外部分則將協助 PCB 廠業者前進泰國設立新廠房。

值得一提的是，睽違 16 個月後，台灣景氣燈號在 2024 年 1 月轉為「穩定」的綠燈，隨後 2 月、3 月也是綠燈，連續亮出 3 顆綠燈，4 月轉黃紅燈，景氣復甦趨勢顯著。

隨著各供應鏈庫存調整進入尾聲，全球商品需求在通膨獲得控制及可望降息的情況下有望逐漸回升，而高效能運算等新興科技的應用持續推展，為台灣 2024 年出口動能平添助益。

此外，台灣自 2024 年 4 月 1 日起，電價平均調漲 11%，除了缺電與能源政策問題可能浮上檯面，是否帶動新一波通膨或物價上揚，也值得關心內需、能源及傳產概念股的投資人持續留意。

6-2 2方法應對股市高檔 不怕太早下車或盲目追高

有些讀者或投資人應該很熟悉我的選股邏輯——由上而下（Top-Down），先從總體經濟、產業趨勢與基本面切入，從中梳理出值得留意的主流產業與次產業，再仔細篩選出會發光的「金子」（詳見表 1）。

這種選股方式的結果如飲一杯甘醇好茶，讓人回味無窮，只不過過程猶如工序繁瑣的傳統茶道，想要喝上一杯好茶，必須經過溫壺、高沖、淋頂、洗茶、洗杯、分杯、低斟等步驟，要沉得住氣，有些涵養功夫，不急不躁才能烹出好茶，所以說茶道是門藝術，投資亦如是！

只是，原則、原理很容易理解，執行起來卻不是太容易，一如我建議的「選股不選市」，意即不論大盤指數漲跌或股市整體狀況如何，只要選股得當，還是能夠獲利。只是不同的行情，可能需要搭配不同的選股技巧，停損點與停利點也會因為市況好壞需要彈性調整，見機行事。當然，過程中最重要的莫過於擇機入市的買賣進出點，太早進場或太晚出場都容易留下遺憾。

2024 年是金龍年，台股開年就驚喜連連，如果從指數看漲跌，很多人可能在萬八到萬九之間就已經因為「懼高症」發作而焦慮擔憂，或者居高思危早早獲利了結，等看到 2 萬點又會懊悔下車太早，又或是因為不敢追高，空手在旁，只能眼睜睜看著大盤從萬九節節高升，甚至突破 2 萬點關卡，完全是路人一枚。

如果是站在選股不選市的立場，只要選對股票就能跟著車流順順開，該催油門就催油門，該踩煞車就踩煞車，不用預設立場，也不用被加權指數影響你的判斷與心情。但是要記得留意高檔漲多，並且已經漲到合理價位，又或是股價已經接近法人目標價的個股，比方 2024 年 3 月初時，人工智慧（AI）強勢股中的世芯 -KY（3661），經法人預估每股稅後盈餘（EPS）為 70 元，本益比 60 倍，若觀察後發現業績沒有續強，或者輝達（NVIDIA）本益比沒有持續拉高，那麼就不宜追高。

表1 投資人可採由上而下方式選股

產業趨勢	相關研究個股（股號）	備註
台積電、半導體相關、CoWoS	萬　潤（6187） 台積電（2330） 弘　塑（3131） 兆聯實業（6944） 閎　康（3587） 上　品（4770） 洋基工程（6691） 均　華（6640）	CoWoS 2024年產能還會倍增，弘塑、均華、萬潤股價續噴
矽智財（IP）族群	世芯-KY（3661） 智　原（3035） 金麗科（3228）	N/A
人工智慧（AI）伺服器相關：印刷電路板（PCB）、原始設計製造商（ODM）	健　鼎（3044） 台　燿（6274） 廣　達（2382） 緯　穎（6669）	N/A
航運	長　榮（2603） 陽　明（2609） 榮　運（2607）	紅海危機延續、缺櫃
觀光、餐飲	雲　品（2748） 路易莎咖啡（2758） 漢來美食（1268） 王　品（2727）	N/A
紡織、成衣、製鞋	聚　陽（1477） 百　和（9938） 鼎　基（6585）	聚陽首季EPS 4.63元為單季歷史次高

——產業隊長評估值得留意的優質股

產業趨勢	相關研究個股（股號）	備註
充電樁 與無人商店	虹　堡（5258）	須留意匯損、下半年美國客戶認證進度
手機產業 谷底翻揚	聯發科（2454） 大立光（3008） 玉晶光（3406） 耕　興（6146） 匯鑽科（8431）	N/A
電子商務D2C（直接面對消費者）	富邦媒（8454） 東　森（2614） 91APP*-KY（6741） 綠界科技（6763）	N/A
存股 與高殖利率	勤　美（1532） 冠　德（2520） 隆　大（5519）	勤美、隆大、冠德完工建案入帳迎來一波漲幅
生技	康　霈*（6919） 承業醫（4164）	康霈*分割完成後迎來一波漲幅
400G 與網通相關	上　詮（3363） 智　邦（2345）	上詮創波段高點
記憶體	群　聯（8299） 威　剛（3260）	記憶體景氣復甦＋漲價
ESG新能源	泓德能源-創（6873） 雲豹能源-創（6869） 森崴能源（6806）	N/A

註：N/A 表示無資料

基本上，在台股位於高位階時，投資人的選股方法可以側重下面 2 種：

方法 1》挑選低基期股

半導體、電腦周邊及電子零組件等 AI 供應鏈在 2024 年第 1 季尚未結束時多已漲了一波，預估未來也會是電子股多頭指標。但是當台股 4 月衝破 2 萬點時，除了主流類股，建議投資人可以篩選低基期、高殖利率的績優股。

那麼，該如何判斷基期高低呢？如果只看日線圖，很容易有股價漲高了的錯覺，以為股價處於高基期而轉手賣掉股票。建議篩選低基期股可以先從月線圖著手，拉出該檔個股過去 5 年、10 年或 20 年的走勢圖，接著再找出期間的最高價與最低價，順著最高價與最低價各畫一條平均線，最高價的平均線可視為該檔個股的高基期區，最低價的平均線視為該檔個股的最低基期區，在高基期和低基期間再畫一條平均線，視為中基期區。

高基期區與中基期區畫一條平均線為中高基期區，低基期區與中基期區之間畫一條平均線則為中低基期區。畫出這些平均線後，就能更清楚地看出眼下的股價到底處於哪一個位階，避免太早下車或錯誤追高。

當然，雖然我說 2024 年的台股雙主流是 AI 與半導體，今年過後它們也仍然具有舉足輕重的地位，但是，要是真沒跟上或不敢跟上，還可以選擇其他族群，比方長線趨勢元宇宙、數位基礎建設帶動的設備升級需求，或是與之相關的概念股，比方有助優化遊戲、影音串流體驗的 Wi-Fi 6 與 Wi-Fi 7；寬頻與光纖族群；衛星聯網或低軌道衛星族群；需求強勁的雲端伺服器、資料中心概念股等。從不容易退流行的長線趨勢股入手，就不容易買錯。

方法 2》鎖定高殖利率績優股

除了低基期個股，也可以鎖定高殖利率的績優股入手。近年來台灣股民瘋存股，尤其是沒有時間看盤或研究投資市場、只想安穩配股配息賺取被動收入的小資族們，又或是在盤勢處於高檔震檔還有拉回修正疑慮的情況下，既然是存股賺取利息收入，當然在意殖利率高低。

殖利率是用來衡量股票的「股利回報率」，又稱「收益率」，可分為「現金殖利率」與「股票殖利率」。一般市面上常聽到的殖利率，通常單指「現金殖利率」，不包含股票股利，計算方法是「現金股利 ÷ 股價 ×100%」。如果某檔個股配息當日的收盤價是 100 元，並且配發現金股利 5 元，殖利率就是 5%（＝ 5 元 ÷100 元 ×100%）。

據證交所統計，2014 年至 2023 年，台股整體殖利率 10 年平均值約為 3.94%；2018 年至 2023 年的 5 年平均殖利率約為 3.83%。高殖利率代表每股可領取的股利較高，如果買進的股票每年都能穩定配股、配息，殖利率高於 5%，代表公司的經營穩定性高、獲利狀況不錯，並且願意將獲利回饋給股東們。如果這家公司已經連續 10 年、20 年配股配息不輟，而且殖利率相對較高，更被視為存股好標的。

提醒投資人在挑選高殖利率股時，要留意：

1. 避免賺了股息賠了價差。
2. 個股真正填權息後才算獲利，貼權息則否。
3. 留意配息來源，公司獲利配息、公司增資配息、公司處分資產後配息都有不同的意義，其中以獲利配息最佳，代表公司營運正常而且有獲利能力，體質較佳。

圖1 勤美營收跳增，使股價迎來慶祝行情

——勤美（1532）月營收vs.月均價

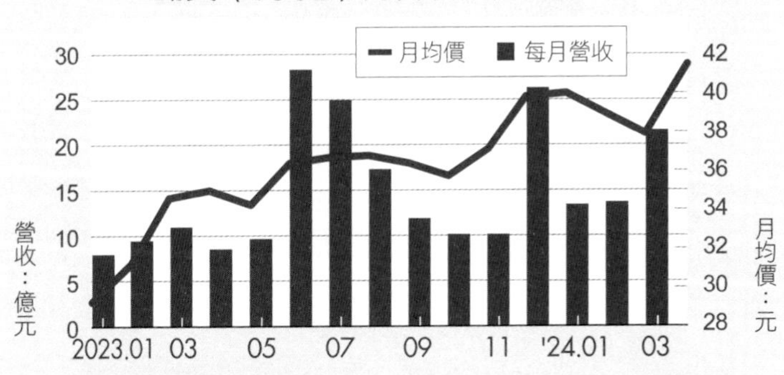

註：1. 營收資料時間為 2023.01 ～ 2024.03；2. 月均價資料時間為 2023.01 ～ 2024.04

資料來源：財報狗

如果相對保守，或是不想在股市高檔時冒險，安穩存股也是另一種選擇，可以挑選獲利穩定、公司體質佳、配股配息穩定的股票，提高現金流，比方擁有高護城河的產業龍頭或隱形冠軍。

我會挑選勤美（1532）、冠德（2520）與隆大（5519）作為高殖利率存股標的，理由就是這幾檔個股的股價都穩定地緩步走揚中。尤其是勤美，近期因建案陸續完工、交屋，營收跳增，股價迎來一波慶祝行情（詳見圖 1）。

如果是非常純粹的存股族，也可以穩健地長期存金融類股，尤其 2023 年不少金融業獲利狀況不錯，2024 年可望配發讓股民們笑得出來的股利。例如遠東銀（2845）公布現金加股票發超過 1 塊錢股利，創下史上最高，消息公布後股價跳空漲停；玉山金（2884）則在 2024 年 2 月底的法說會上指出今年起股利政策轉變的消息，現金股利拉高到 70%、股票 30%，今年配發率有望超過 90%，現金股利上看 1 元，現金殖利率達 4%。

投資人不妨留意 4 月後陸續召開的股東會、法說會訊息及各家陸續公布的第 1 季財報，以了解各家業者的獲利與配息狀況。

老虎基金創辦人、華爾街奇才朱利安·羅伯遜（Julian Robertson）說：「聰明的想法是，先詳盡研究，然後再下大注。」只要他相信自己的判斷正確，就會重倉押注，而我則是「看對、壓大、抱波段」。

此外，高檔操作時有個買股小訣竅，那就是「子母操作」買雙數。邏輯很簡單，就是買股時張數以 2、4、6、8、10 等雙數為單位，好處是飆漲後如果擔心股價上衝下洗或大漲大跌，可以搭配技術線型或成交量，先出脫「一半」持股，如此便進可攻退可守，萬一股價繼續上漲也不至於賣飛，還有一半持股繼續獲利。

成功不是屬於跑最快的人，而是不斷在跑的人。如果真的不知道如何選股，可以站在外資、投信、主力等巨人肩膀上看趨勢、選個股，或是可以學習和我一樣，看趨勢選優質股。只要產業趨勢不變，找對進出時點，應該會有不錯的收穫。

6-3 做好資產配置降低風險 為財富增添保障

台股加權指數 2024 年破 18,600 點前高後，很快衝上 2 萬點，手中握有人工智慧（AI）及半導體股的投資人嗨到爆，狂曬對帳單。台股 3 月有多熱？從銀行每天接不完的新開證券戶、融券餘額增加、有人解定存狂買 ETF、婆婆媽媽或運將大哥們見面交換「股市心經」、五星級與六星級飯店收盤後下午茶客滿……，由此可見市場再次瘋狂。

這時不禁讓有些人擔心市場是否過熱？「擦鞋童理論」是否上演？當然，我們無須預測大盤走勢，只要關注手中持股表現即可。如果擔心高檔過熱，可以部分獲利了結入袋為安。選股上，選擇有題材的低基期或高殖利率個股，一方面提前布局下一波獲利機會，另一方面也算是適度避險。至於選股上是採短線布局或中長線布局？可以視個股潛力與投資人心態、資金部位而定。

透過投資組合分散非系統性風險

基本上，投資一定有風險，且通常報酬率愈高的商品，風險愈高。一般來說，風險又可分為「系統性風險」與「非系統性風險」兩種。

1. 系統性風險

系統性風險又稱「市場風險」，包含天災、戰爭、政經情勢、通膨、利率等，近年來最知名的系統性風險就是 2019 年底發生的新冠肺炎（COVID-19）疫情，導致 2020 年 3 月美股出現 4 次熔斷，台股也直接從 12,000 多點慘摔至 8,523 點（2020 年 3 月 19 日最低點）。

2. 非系統性風險

非系統性風險又稱「非市場風險」，包含企業、產業本身的營運風險或其他內部風險，如公司高層發言不當引發市場疑慮或股價暴跌，或是涉入司法案件、勞工罷工等事件，例如重電三雄中的中興電（1513）於 2023 年 7 月爆出 20 億元雲豹甲車弊案，董事長遭判刑請辭，消息曝光後股價連續 2 天～ 3 天跌停；2019 年華航（2610）機師罷工，導致股價重挫逾 5%，10 元票面價失守⋯⋯。這類風險可以透過投資多樣化的方式來分散風險，投資人可依據個人狀況考量如何分配資產，以及資金配比高低。

此外，非系統性風險還包含匯率風險和利率風險。匯率風險是指如果投資人購買的商品以美元或其他幣別計價，必須考慮新台幣升貶因素，因為買賣時通常會有匯差，算是一種交易成本。投資人可能因為匯差而多賺一筆匯兌收入，也可能因為匯差或匯損而使原來的報酬被匯差給吃掉。利率風險是指由於市場利率的變動而導致投資價值波動的風險。比方升息會使新的債券利率提高，過去的債券利率則相對降低，導致債券價格下跌；降息則會使新的債券利率降低，過去的債券利率則相對升高，導致債券價格上升。

債券價格和市場利率呈反向關係，利率上升時，債券價格會下跌，反之則走升。因此，當美國聯準會（Fed）升息時，債券利息會低於新發行的債券，對投資人的吸引力便會下降，債券價格也會跟著下跌；未來當 Fed 開始降息，原本的債券就會變得更有價值，債券價格也會因此而上漲。

所以，很多人看好 Fed 升息前後債券的未來表現與上漲能力，因此已經提前布局，甚至提高債券持股比率。我也相當看好通膨造就的債券大行情，已經將股債資金配比調整為 6：4，債券部位相較於 2023 年提高了不少。

Fed 在 2024 年 5 月 2 日發布最新利率決策，將聯邦基金利率目標區間維持在 5.25% ～ 5.5%，連續 6 次按兵不動。且 Fed 主席鮑爾（Jerome Powell）在會後記者會上，釋出 Fed 下一步政策行動「不太可能是升息」的消息，市場重燃聯準會今年啟動降息的希望。

就系統性風險和非系統性風險而言，兩者最大的差別在於系統性風險是無法被分散的風險，但非系統性風險卻可以透過各種手段來分散風險，比如投資人可以透過資產配置，來分散非系統性風險。

依循 3 原則規畫資產配置

資產配置就是將自身擁有的財產以儲蓄、投資、保險等方式進行比率分配。俗話說「不要把雞蛋放在同一個籃子裡」，就是資產配置的中心思想，意即透過將資金按個人所偏好及承受波動的能力，決定不同資產的比率配置，以達到分散風險的目的。

人生在不同階段有不同的需求與想法，理財方式與資產配置方式也應有所不同，如此才有助於風險控管。不只財富自由的人應該做好資產分配，社會新鮮人、收入穩定的中年族群，又或是屆退長者，都應該善用資產配置擬定理財計畫，才能確保生活品質。

這裡要分享我的資產配置與風險控管概念，不論你處於人生中的哪一個階段，掌握這些原則百利無一害。

原則 1》評估自己的風險承受力

投資上的資產分配，如股票、高收益債券、期貨、外幣等各式金融商品的漲跌幅狀況不一，如果屬於心態保守的保本型投資人，不希望風險起伏影響心情與生活，可以先斟酌自身對於風險的承受能力，再選擇合適的投資標的與資金配比。如果真的不能或不願承受風險，定存、基金甚至房地產投資也是可能的投資選項。倘若投資人不清楚自己的風險承受力的話，建議可先上網做「投資屬性分析（KYC）」，了解自己的風險承受度與適合的投資方式。

原則 2》將未來規畫納入考量

擬定資產配置計畫時，除了要考量當下的財務狀況，也應該考量未來的人生規畫。建議投資人在計畫時，不妨列出短、中、長期目標，例如退休金、結婚基金、購屋頭期款、育兒基金、教育基金、女兒的嫁妝等預算項目可能發生的時間和所需金錢，如此一來便能更加精準地規畫符合未來需求的資產配置。

原則 3》按年齡階段擬定計畫

①青年階段：35 歲之前的青年階段，通常風險承受度較高，如果投資人經濟狀況許可，可以將較多資金投入高報酬標的上，更快累積財富。但是高報酬也代表高風險，比方股票就是高報酬高風險標的，選對飆股資產翻倍，選錯標的可能受重傷。因此，建議此階段的投資人，還是要將少部分資金留在較安穩的標的上，例如高報酬型標的與保守型標的占比約 80：20 或 70：30。

②中壯年階段：36 歲～ 50 歲的中壯年階段，多半已經累積穩定的資產，甚至已經結婚生子。當上有老、下有小，甚至還有購屋、汽車貸款等壓力時，風險承受度更弱，因此可適度拉高保守型標的的投資比率，例如拉高至 50%，或是可以根據自身財產與可承擔風險的程度，將高報酬型標的與保守型標的占比調整為 40：60，或 30：70。

③中老年階段：50 歲後的中老年階段，多數人正準備退休，或已經是處於退休狀態，雖然這時有人可能已經財富自由，但畢竟少了一筆薪資收入，加上需要為退休後生活及養老計畫做準備，風險承受度更弱。因此，這個階段的投資目的在於追求穩定的利息，應避免高報酬、高風險的資金應用，以免因為投資出現變數導致資金減少或用罄而影響未來生活。建議此階段的投資人，可以選擇如定存、債券、基金、ETF 等風險相對低的投資標的，以安心保本為前提，將高報酬型標的與保守型標的占比調整為 20：80，或是 10：90，甚至是 0：100。

運用 3 指標評估投資商品波動度

掌控好上述 3 原則，可最大限度降低風險，不過，大家也知道，市場上的風險如此之多，想要完全避免相當困難。因此，投資人除了隨時掌握各類投資動態、做好資產配置以外，還可以觀察「標準差」、「夏普值」以及「Beta 值」這 3 個指標，來評估投資商品的波動程度。

指標 1》標準差

標準差指的是衡量過去一段期間一組數據的離散程度，根據每個數據點與平均值的差異程度而定，標準差愈小代表愈穩

表1 投資標的Beta值＞1，代表波動高於大盤
——Beta值與投資標的波動度

Beta值	投資標的波動度
Beta值＜1	代表投資標的的波動低於大盤。這類標的的漲跌幅度不明顯，甚至有些龜速，雖然波動不大代表獲利相對較小，但風險也相對較低。若大盤上漲10%，投資標的可能會上漲5%；若大盤下跌10%，投資標的則可能會下跌5%
Beta值＝1	代表投資標的的波動與大盤一致。若大盤上漲5%，投資標的會上漲約5%；若大盤下跌10%，投資標的也會下跌約10%
Beta值＞1	代表投資標的的波動高於大盤。有不少高報酬、高風險個股或投資組合的波動高於大盤，若大盤上漲10%，投資標的可能會上漲15%；若大盤下跌10%，投資標的則可能會下跌15%

定。標準差用於股票、基金等金融產品上，評估的就是波動程度。使用標準差輔助分析風險可以提高投資的可預測性，讓投資更能符合預期。

指標 2》夏普值

夏普值是衡量投資組合 CP 值的首選指標，用來判定投資組合能否符合低波動、高報酬期望。夏普值的計算公式為「（報酬率－無風險利率）÷ 標準差」。一般來說，夏普值數字愈高愈好，例如夏普值 0.8，表示投資組合需要創造 8% 的報酬率，並承受 10% 的波動風險。

指標 3》Beta 值

Beta 值代表與大盤的連動程度，可以用來衡量投資標的相對於市場大盤的波動程度（詳見表 1）。Beta 值的高低可以讓投資人更了解投資標的相較於大盤的波動性如何，提高投資的可預測性。

如果是追求穩定獲利或存股配息的投資人，可以觀察 Beta 值＜ 1 的標的；反之，如果是追求高價差、高獲利的投資人，則可以觀察 Beta 值＞ 1 的標的。

6-4 從40年一遇的通膨中 把握債券大行情提前鎖利

對於投資人來說，在目前這個時機點，股票並非唯一選擇，大家除了存股以外，還可以存債。

債券是發行者為籌集資金而發行，在約定時間支付一定比例的利息，並在到期時償還本金的一種有價證券。一般來說，債券的票面上，都會列出下面幾項資訊：

1. **發行機構**：負責發行債券、支付利息並償付本金給投資人的機構。
2. **債券面額**：發行機構承諾，在債券到期時支付給投資人的金額。
3. **票面利率**：投資人每期領息的利率。
4. **到期日**：發行機構贖回債券的時間。
5. **票息日**：支付利息的日期（多數為半年支付 1 次）。

債券的獲利來源包含「利息所得」與「資本利得」。利息所得（固定收益）是發行機構依約定給付，多數為半年固定配息，以天計息；若是購買後債券價格上漲，投資人可以選擇賣出，獲取資本利得。

全球央行快速升息，激勵公債、投資等級債表現

我在 2023 年第 4 季起，就將資產配置中的債券部分拉高，原因是看好 40 年一遇的通膨可望造就債券大行情，尤其是美國政府公債與投資等級債。

當時我和投資朋友分享：債券是最該認識的核心配置之一。因為自 2023 年 9 月起，美國聯準會（Fed）已持續維持利率不變的態勢。彼時聯邦公開市場委員會（FOMC）會議報告指出，有 12 名票委預估至 2023 年年底，基準利率將落在 5.5% ~ 5.75%，預計 2023 年還有 1 次升息；剩餘 7 名票委則預估，2023 年利率將停留在 5.25% ~ 5.5%。

點陣圖顯示，Fed 票委預估 2024 年年底的終點利率將落在 4.875% ~ 5.375%，對比上次點陣圖，2024 年最高利率預期為 4.375%，顯示降息速率比上次點陣圖更慢。Fed 認

為美國經濟沒有硬著陸的風險，但是降息沒有時間表，聯準會主席鮑爾（Jerome Powell）也表示，何時降息充滿不確定性。

當時我的看法是，Fed 上修經濟成長率、下修失業率與核心通貨膨脹（指剔除價格變動巨大、價格波動頻繁或短期波動的商品／服務後的通膨），美國經濟軟著陸的可能性極高，Fed 的當務之急已經不是快速壓下通膨，而是轉為維持高利率以確保通膨向 2% 收斂，但是仍然存在油價高漲引發 2 次通膨的隱憂。

半年過去，截至 2024 年 5 月，Fed 仍未表示何時可能開始降息，很可能還要持續關心通膨降溫的速度。但根據芝商所（CME）FedWatch 工具的觀察，以及聯準會官員的說法，2024 年年底前應該會降息 1 碼～ 2 碼（1 碼是 0.25 個百分點）。這場 40 年一遇的通膨，導致美國暴力升息以及全球央行快速升息以抑制通膨，反而成為催生下一波債券行情的養分。

海外債券甜蜜點已浮現，債息與價差兩頭賺

理論上，債券價格與殖利率關係呈反向走勢，也就是當殖

利率上升時，債券價格會下降；反之，當殖利率下降時，債券價格會上升。而在聯準會暴力升息下，不少優質海外債券的價格異常低落，逐漸吸引我的目光。

「海外債券」指的是由海外機構發行的債券，如外國政府、金融機構、企業公司或其他組織，由於前述機構有資金需求，因此藉由發放債券來向投資人預借資金，等契約到期後，投資人便能依約獲得本金以及固定配息，過程中也可以因為債券價格上漲而選擇賣出債權，賺取資本利得。

海外債券依「發行機構」、「信用評級」和「配息方式」不同，有不同的分類方式：

1. 按發行機構分類

海外債券可分為由國家發行的「公債、主權債、政府債」，以及由一般企業公司發行的「公司債」。另外，公司債下面還有一種產業債，是指投資在特定產業的債券，像是金融債等。

2. 按信用評級分類

海外債券的最主要風險在於信用風險（Credit Risk），是指交易對手未能履行約定契約中的義務而造成經濟損失的風險。

就債券而言，就是指借款人未能按規定還款所導致的債務違約風險，所以信用風險即代表違約率。

一般信評機構會根據量化的信用屬性，針對國家、銀行、債券、基金進行信用評級，以評估發行機構的信用狀況與償債能力。如果是由全球3大信用評等機構如標準普爾（S&P），穆迪（Moody's）與惠譽（Fitch Ratings）做出的信用評級，更能服眾，投資人信心更高。

就標準普爾和惠譽來說，信用評級由高至低依次為AAA、AA＋、AA、AA-、A＋、A、A-、BBB＋、BBB、BBB-、BB＋、BB、BB-、B ＋、B、B-、CCC ＋、CCC、CCC-、CC、C、D，而穆迪則是用Aaa、Aa1、Aa2、Aa3、A1、A2、A3、Baa1、Baa2、Baa3、Ba1、Ba2、Ba3、B1、B2、B3、Caa1、Caa2、Caa3、Ca、C、D做分類。

通常不同機構所發行的商品，會有不同的信用評級。信用評級愈高，代表該機構或資產的償債能力愈高，違約可能性愈低，但投資報酬率相對較低；信用評級愈低，則違約可能性愈高，但投資報酬率可能相對較高，以此補償投資人所承擔的風險。一般會將信用評級BBB-（或Ba3）以上（含）視為「投資等級債券」，信用評級 BB +（或 Ba1）以下（含）視為「非投資等級債券」。

3. 按配息方式分類

海外債券除了依照發行機構和信用評級分類以外，還可按配息方式分成「固定利率債券（Fixed Rate Bond）」、「浮動利率債券（Floating Rate Note）」及「零息債券（Zero Coupon Bond）」3 類。

①**固定利率債券**：指投資人在持有債券期間，可依發行機構承諾的票面利率計算方式，定期獲得「固定金額利息」。

②**浮動利率債券**：指投資人在持有債券期間，可以參照具有公信力的指標（例如倫敦銀行同業拆借利率（LIBOR））來作為利率參考，定期獲得發行機構調整支付的「非固定金額利息」。

③**零息債券**：指投資人申購此類債券時，因為已經以低於市場票面價購入，因此在持有債券期間不會獲得配息。其獲利來源不是配息，而是「折價（指債券價格小於票面價值所產生的差額）買入面額」與「原有票面價值」之間的價差。

不同種類的債券，購買方式與金額也各有不同，投資人可洽證券公司或銀行詢問。

由於海外債券具有「到期還本特性」、「具備稅負優勢」、「投資報酬率穩」，以及「風險相對較低」等優點，適合追求低風險與穩定報酬的投資人（詳見圖 1）。加上目前海外債券的甜蜜點已然浮現，未來價格上漲機率大，幅度相對較高，因此也適合追求價差型的投資人。當然，與人工智慧（AI）或半導體飆股的漲幅與價差相比，海外債券的價格漲幅還是相對小而美，但同樣的，投資風險也會相對較小。

除了單買債券，亦可考慮債券型 ETF

目前市面上的債券商品種類不少，台灣也有不少債券型 ETF，如果投資人不想單買債券商品，也可以善用債券型 ETF 來做投資，既可分散風險，又可以領取債息。

建議鎖定美國政府債與 BBB- 級以上的公司債或金融債，比方台股債券型 ETF 中的元大投資級公司債（00720B）、中信高評級公司債（00772B）、國泰 A 級公司債（00761B）、中信優先金融債（00773B）、元大 AAA 至 A 公司債

圖1 投資海外債券具有4大優點
——投資海外債券的優點

(00751B)，或是其他符合前述準則的標的，且最好避開風險較高的政府，或BB+級以下公司所發行的債券。

或者投資人也可以參考國際級龍頭公司發行的債券，如波克夏海瑟威(Berkshire Hathaway)、英特爾(Intel)、3M、

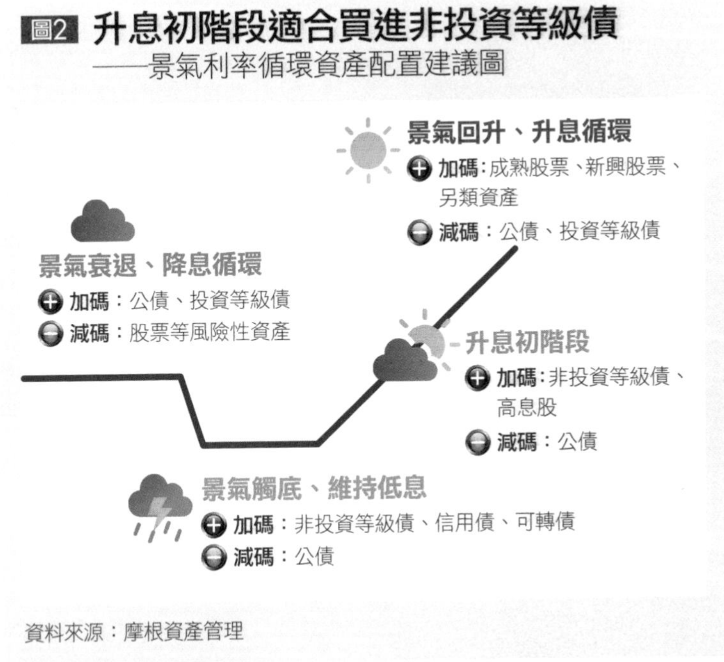

高通（Qualcomm）、法國電力公司（Électricité de France S.A.）等。

在投資時須留意，買進的債券「可否提前贖回」，因為有些商品提前贖回需要支付賠償金，在選擇上，可贖回債券優於不可贖回債券。此外，經理費的多寡也需要納入考量，因為會影響成本及獲利。

至於買債券的適合時點，建議搭配景氣循環與升息循環來看，升息初階段是買進非投資等級債或高息股的好時機，而聯準會升息近尾聲就是債券起跑的訊號（詳見圖 2）。

就現況來說，新冠肺炎（COVID-19）疫情加速全球通膨，是過去 40 年沒有遭遇過的黑天鵝，過去 10 年 Fed 也未曾出現暴力升息 11 次的前例，但是這樣的時空環境與歷史條件卻導致利息飆升、債券大跌。既然目前債券的殖利率是歷史新高的水位，債券的風險又遠低於股市，喜歡穩定領息的投資人，在這難得一遇的好時機，不妨投資好債，提前鎖利。

國家圖書館出版品預行編目資料

產業隊長張捷教你：從亮點產業挑高成長強勢股／張捷著.
-- 一版. -- 臺北市：Smart智富文化，城邦文化事業股份
有限公司，2024.06　面；　公分

ISBN 978-626-98272-4-4（平裝）
1.CST：股票投資 2.CST：投資技術 3.CST：投資分析
563.53　　113006192

Smart 智富

產業隊長張捷教你
從亮點產業挑高成長強勢股

作者　張　捷
採訪編輯　蔣榮玉

商周集團
執行長　郭奕伶

Smart 智富
社長　林正峰（兼總編輯）
資深主任設計　張麗珍
封面設計　廖洲文
版面構成　林美玲、廖彥嘉

出版　Smart 智富
地址　115 台北市南港區昆陽街 16 號 6 樓
網站　smart.businessweekly.com.tw
客戶服務專線　（02）2510-8888
客戶服務傳真　（02）2503-6989
發行　英屬蓋曼群島商家庭傳媒股份有限公司城邦分公司

製版印刷　科樂印刷事業股份有限公司
初版一刷　2024 年 6 月
ISBN　978-626-98272-4-4

定價 380 元